W0058313

Sophie Schönberger

Zumutung Demokratie

Ein Essay

C.H.Beck

Originalausgabe

Verlag C.H.Beck oHG, München 2023
www.chbeck.de
Umschlaggestaltung: Geviert – Büro für Kommunikationsdesign
München, Nastasja Abel
Umschlagabbildung: Teilnehmer einer Kundgebung gegen die
Corona-Maßnahmen besetzen am 29. 8. 2020 die Treppe zum
Reichstag und schwenken Reichsflaggen. Foto: © dpa/Achill
Abboud/NurPhoto
Satz: C.H.Beck.Media.Solutions, Nördlingen
Druck und Bindung: Druckerei C.H.Beck, Nördlingen
Gedruckt auf säurefreiem und alterungsbeständigem Papier
Printed in Germany
ISBN 978 3 406 80008 5

myclimate

klimaneutral produziert
www.chbeck.de/nachhaltig

Inhalt

I.

Einleitung: Wellen der Demokratie

Demokratie ist nichts Selbstverständliches. Sie kommt in Wellen. Seit dem 19. Jahrhundert lässt sich beobachten, wie auf demokratische Errungenschaften überall auf der Welt immer wieder auch Krisen und Rückschläge folgen.[1] Die vor allem in Europa und Nordamerika verbreitete Erzählung eines kontinuierlichen, quasi unaufhaltsamen demokratischen Fortschrittsverlaufs war daher im eigentlichen Sinne historisch nie korrekt. Zu Beginn des 21. Jahrhunderts zeigt sich nun aber besonders deutlich, wie die mit dieser Erzählung verbundenen Erwartungen zunehmend enttäuscht werden. Selbst große, eigentlich leuchtturmhaft wirkende Demokratien wie die USA stehen auf einmal in der Gefahr, einer demokratischen Erosion zu verfallen. Jüngere Demokratien wie Russland und Ungarn, die noch vor wenigen Jahren als Teil einer Demokratisierungswelle in Mittel- und Osteuropa gefeiert wurden, rutschen heute in (halb-)autoritäre Systeme ab.

In Deutschland ist dieser Prozess nicht in gleicher Weise evident und nicht in gleicher Weise bedrohlich. Aber auch hier ist ein zunehmender Verlust von Vertrauen in die demokratischen Institutionen und ihre Problemlösungskraft greifbar. Dass eine kleine, aber wachsende Gruppe von Menschen, die sogenannten «Reichsbürger», dem Staat schlicht seine reale Existenz abspricht und Fabeln von einer herrschenden Deutschland GmbH verbreitet,[2] mag da nur ein kleiner Baustein in einem großen Bild sein. Dass mit der AfD eine Partei, die zunehmend in den Blick der Verfassungsschutzbehörden gerät und deren zuvor zurückgetretener Parteivorsitzender ihr zum Abschied attestiert, sie stünde in Teilen nicht mehr auf dem Boden der freiheitlich-demokratischen Grundordnung,[3] bei Bundestagswahlen immerhin mehr als zehn und bei einzelnen Landtagswahlen sogar zum Teil deutlich mehr als 20 Prozent der Wählerstimmen erringen kann, wiegt da schon deutlich schwerer.

Mittlerweile zeichnet sich zunehmend ab, dass es sich bei solchen Zersetzungserscheinungen nicht mehr allein um Absurditäten aus dem Bereich der Verschwörungsmythen oder totalitäre Phantasien am äußersten rechten Rand handelt. Deutlich wird dies vor allem an den aktuellen Protestbewegungen, die sich im Rahmen der Corona-Pandemie formiert haben. Teile dieser Proteste nimmt der Verfassungsschutz seit dem Frühjahr 2021 als diffuse, zurzeit im Einzelnen noch nicht genau quantifizierbare, trotzdem aber jedenfalls in Teilen erkennbar gegen die demokratische Ordnung gerichtete Bewegung unter dem Stichwort «verfassungsschutzrelevante Delegitimierung des Staates» in den Blick.[4] Ihr Teilnehmerspektrum reicht weit in solche Kreise hinein, die man bis vor kurzem noch als bürgerliche Mitte bezeichnet hat.

Die Ursachen für diese Krisenerscheinungen sind vielfältig. Sie haben aber jedenfalls, so die These dieses Essays, sehr viel damit zu tun, dass die Bereitschaft in der Gesellschaft sinkt, mit einer zentralen Herausforderung der Demokratie zu leben: der Notwendigkeit sich gegenseitig auszuhalten. Demokratie ist keine One-man-Show, kein individuelles Selbstverwirklichungsprojekt und kein Ego-Trip. Die «Herrschaft des Volkes» setzt voraus, dass sich so etwas wie ein «Volk» im Sinne einer demokratischen Gemeinschaft überhaupt erst einmal konstituiert und als Kollektiv begreift. Damit muss jeder der an ihr Beteiligten nicht nur bereit sein, sich mit den anderen Mitgliedern der demokratischen Gemeinschaft in einer Einheit zusammenfassen zu lassen – mancher Vertreter radikal libertärer Ideen sieht darin oft schon eine unzumutbare Anforderung. Demokratie setzt darüber hinaus auch voraus, jeden Einzelnen dieser Gemeinschaft als grundsätzlich gleich zu akzeptieren, seinen Interessen, seinen Wünschen, seinen Meinungen und Ansichten also dieselbe Berechtigung zuzuerkennen wie den eigenen. Und schließlich verlangt sie, eine demokratisch gefasste Mehrheitsentscheidung als verbindlich anzuerkennen, auch wenn man sie für noch so falsch, irrational, schädlich oder widersinnig hält.

«L' enfer, c' est les autres» – die Hölle, das sind die Anderen, das ist jedenfalls ein Teil der Wahrheit in der Demokratie, die uns als Staatsform nicht nur ein großes Versprechen politischer Freiheit macht, sondern auch die Zumutungen auferlegt, die «Anderen» mit all ihren abweichenden Meinungen, Bedürfnissen und Interessen tatsächlich zu ertragen.[5] Die aktuelle Krise der Demokratie ist daher jedenfalls auch eine Krise der Gemeinschaft, des Einanderaushaltens und des Zusammenfindens. Diese Krisenerfahrung aktualisiert die Frage, welche Zumutungen und Versprechen grundsätzlich in dem «Wir» liegen, das für jede Demokratie konstituierend ist, wie sich in der Gegenwart überhaupt das «Ich» und das «Ihr» zu einem «Wir» verbinden können und in welcher Form die Demokratie als Regierungs- wie als Lebensform dem Zusammenfinden und dem Auseinanderdriften der Individuen begegnet.

Demokratie braucht Begegnungen, so werde ich am Ende dieses Buches argumentieren. Ein wesentlicher Impuls, um auf die demokratischen Herausforderungen der Gegenwart zu reagieren, kann daher darin liegen, solche Begegnungen nicht dem Zufall zu überlassen, sondern den komplexen tatsächlichen Rahmen, der sie ermöglicht, politisch ernst zu nehmen und bewusst zu gestalten. Gerade nach den Erfahrungen der Corona-Pandemie, in der aus infektionsschutzrechtlichen Gründen die Vereinzelung zum zentralen politischen Programm wurde, muss sich Demokratiepolitik daher heute weit über die klassischen Bereiche hinaus als eine Gestaltungsaufgabe verstehen, in der es jedenfalls auch in einem sehr grundlegenden Sinne darum geht, die «Anderen» als Teil des eigenen Lebens sichtbar, erlebbar und aushaltbar zu machen.

II.
Wir. Zumutungen und Versprechen der Demokratie

Der «Andere» – eine demokratische Zumutung

Demokratie braucht Gemeinschaft. Ihre Anziehungskraft mag sich zwar maßgeblich aus einem großen politischen Freiheitsversprechen für den Einzelnen speisen. Aber diese individuelle Freiheit steht nie für sich, sondern ist nur ein besonderes Merkmal, das die Demokratie als Ordnungsform des Kollektivs auszeichnet. Demokratie ist kein Selbstverwirklichungsprojekt. Sie ist vielmehr darauf gerichtet, Gemeinschaft zu organisieren und das Zusammenleben zu ordnen.

Demokratie setzt daher denknotwendig voraus, dass der Einzelne überhaupt dazu bereit ist, sich mit anderen Menschen zu einem Gemeinwesen zusammenfassen zu lassen, das dann demokratisch organisiert werden kann. In diesem Prozess des Zusammenschlusses und seinen Folgen für das demokratische Zusammenleben liegen die zentralen Zumutungen der Demokratie begründet, die mit ihren Verheißungen und Versprechen untrennbar verbunden sind. Diese Zumutungen werden letztlich durch die «Anderen» gebildet, deren politische und reale Existenz ausgehalten werden muss. Denn die Demokratie, die auf Gemeinschaft beruht, ist unentrinnbar mit der Frage konfrontiert, wer zu dieser Gemeinschaft dazugehört und wer aus ihr ausgeschlossen bleibt. Mit dieser Unterscheidung markiert sie die Grenzen des Aushaltenmüssens.

Eine kurze Geschichte demokratischen Ausschließens

Betrachtet man Demokratie in einem sehr grundlegenden Sinne als Herrschaft des Volkes, so muss in jeder Demokratie entschieden werden, wer zu diesem herrschenden Volk gehören soll. Die Abgrenzung derer, die an der demokratischen Herrschaft teilhaben dürfen, von denen, die ihr lediglich unterworfen sind, begründet damit notwendigerweise immer auch einen Akt der Ausgrenzung. Die Demokratie, die eigentlich als politisches Freiheitsversprechen unter Gleichen konzipiert ist, beginnt so mit der Herstellung von Ungleichheit zwischen denen, die dazugehören, und denen, die eben nicht Teil des «Volkes» sind.

Die Geschichte der Demokratie lässt sich daher auch gegen landläufige Darstellungen, die vor allen Dingen ihre Errungenschaften für die individuelle Freiheit in den Vordergrund stellen, als eine Geschichte des Ausschließens und umgekehrt des Aushaltens erzählen. Zwar liegt das große Versprechen der Demokratie schon immer im Einschluss der Herrschaftsunterworfenen in die Ausübung der politischen Herrschaft.[1] Aber dieser Einschluss ist nie vollkommen, sondern immer auch durch Grenzen bestimmt. Schon in der attischen Demokratie war die Mitbestimmung den männlichen freien Bürgern vorbehalten, deren Eltern bereits Bürger Athens gewesen waren. Sklaven, Frauen und Fremde waren von der Mitwirkung ausgenommen.[2] An diesem strukturellen Mechanismus des demokratischen Ausschlusses hat sich bis heute nichts geändert.

Der Kampf um Teilhabe ist daher nie nur ein einmaliger Kampf, der im Rahmen einer demokratischen Revolution grundlegend auszutragen und dann abzuschließen ist. Er begleitet demokratische Gemeinwesen über die gesamte Dauer ihres Bestehens. Umgekehrt bedeutet dies, dass die Geschichte der Demokratie immer auch eine Geschichte des Kampfes darum ist, wen man an der demokratischen Teilhabe partizipieren lassen muss, wen man also als gleich auszuhalten hat, obwohl er oder sie anders ist als man selbst. Mit Recht kann man daher den Kampf um das demokratische Wahlrecht als erste Schlacht der Identitätspolitik beschreiben.[3]

Dieser Kampf beginnt beim banalen Punkt der Ökonomie. Schon bei Platon findet sich die Angst formuliert, dass in der Demokratie die Mehrheit der Armen die Reichen bluten lassen will, wenn man sie als gleich akzeptiert,[4] es also folglich keine gute Idee sein kann, die Armen an der Herrschaftsausübung zu beteiligen. Die Geschichte der Demokratie ist daher voll von Beispielen, in denen im Sinne eines Zensuswahlrechts die demokratische Mitwirkung an ein bestimmtes Einkommen oder aber an den Besitz von Grundeigentum geknüpft wurde. Eine Variante dessen bietet das Beispiel des preußischen Dreiklassenwahlrechts, das für die Wahl des preußischen Abgeordnetenhauses zwischen 1849 und 1918 zwar grundsätzlich allen preußischen Männern das Wahlrecht zusprach, das Stimmgewicht aber in drei Stufen nach Einkommen differenzierte. Der Ärmere musste daher zwar als grundsätzlich teilhabeberechtigt im demokratischen Prozess, aber jedenfalls nicht als gleich akzeptiert werden.

Eine andere wesentliche Demarkationslinie in der Demokratie verlief lange Zeit entlang der Geschlechtergrenze. Bereits ab dem 18. Jahrhundert begannen global gesehen allererste Bewegungen, die von einem reinen Männerwahlrecht Abstand nahmen. In Deutschland wurde die Diskussion erstmals im 19. Jahrhundert im Rahmen der Frauenbewegung relevant und erreichte vor allen Dingen im Kaiserreich ernsthaftes politisches Gewicht. Die Gegner des Frauenwahlrechts beriefen sich dabei sehr maßgeblich auf die strukturelle Ungleichheit zwischen Männern und Frauen. Die körperlichen und geistigen Unterschiede zwischen den Geschlechtern würden insofern in natürlicher Weise vorgeben, dass die Familie in den Aufgabenbereich von Frauen, die politische Teilhabe aber ausschließlich in den Aufgabenbereich von Männern fiele. Ein Frauenwahlrecht müsse daher schlicht als widernatürlich gelten.[5] Auch hier stand also die Frage im Mittelpunkt, inwiefern man (im Sinne der wahlberechtigten Männer) Frauen als gleichwertige Mitglieder der demokratischen Gemeinschaft aushalten muss, auch wenn man der Meinung ist, dass sie strukturell anders als Männer und für den demokratischen Prozess natürlicherweise nicht befähigt seien.[6]

Historisch parallel zu dieser Entwicklung verlief die Diskussion um das Wahlrecht für ethnische Minderheiten. So wurde etwa in den USA die Schwarze Bevölkerung rechtlich bis ins 19. Jahrhundert und auf vielen Ebenen faktisch weit bis ins 20. Jahrhundert hinein vom Wahlrecht ausgeschlossen. Die amerikanischen Ureinwohner erhielten das Wahlrecht erst im Jahr 1924, als man ihnen durch den Indian Citizenship Act jedenfalls theoretisch gleiche Bürgerrechte verlieh. Im Apartheidsregime Südafrikas wurde sogar bis zum Jahr 1994 der Schwarzen Bevölkerung das Wahlrecht verwehrt.

Auf komplexe Weise mit dieser Differenzierung nach ethnischer Herkunft verbunden und doch von ihr zu trennen ist schließlich der Ausschluss von Personen aufgrund ihrer geographischen Herkunft, die sich an der mit ihr verbundenen Staatsangehörigkeit festmacht. Bis heute knüpfen fast alle Länder der Welt das Wahlrecht an diese besonders enge und auf Dauer angelegte rechtliche Verbindung einer Person mit einem Staat, nicht aber an den tatsächlichen dauerhaften Aufenthalt und damit die reale Herrschaftsunterworfenheit in einem Gebiet. In einem theoretischen Modell, in dem es sich bei Staaten um geschlossene Gesellschaften handelt, stellt sich diese Differenzierung in erster Linie als Zuordnungskriterium dar, das eine Person dauerhaft an einen Staat bindet und dementsprechend auch in seine demokratische Struktur mit einbezieht. In der Wirklichkeit mobiler Gesellschaften wird an dieser Unterscheidung aber die gewohnte Frage verhandelt, wer als gleichberechtigter Teil der demokratischen Gemeinschaft akzeptiert und in sie aufgenommen werden und wer aus ihr ausgeschlossen bleiben soll. Bis heute wird diese Debatte als Streit um ein Ausländerwahlrecht immer wieder neu geführt, mitunter aber auch auf Fragen von Einbürgerung und der Möglichkeit doppelter Staatsangehörigkeit verlagert, die letztlich doch den gleichen Punkt verhandeln.[7]

Nicht immer jedoch wird die Auseinandersetzung derart offen und existenziell ausgetragen. Denn dort, wo der Kampf für diejenigen, die die «Anderen» eigentlich nicht akzeptieren wollen, eigentlich schon verloren scheint, werden mitunter indirektere, mal mehr, mal weniger subtile Instrumente eingesetzt, um diese «Anderen» zwar nicht vollständig zu vereiteln, ihre gleiche Teilhabe aber dennoch deutlich zu erschweren. Historisch gesehen waren etwa spezifische Steuern und sogenannte Analphabeten-Tests in den USA mächtige Instrumente, um die Schwarze Bevölkerung zwar nicht rechtlich, aber faktisch von der Ausübung des Wahlrechts auszuschließen. Bis heute werden in den USA Hürden für die Wählerregistrierung oder die Stimmabgabe zum Teil gezielt eingesetzt, um diesen Zweck zu erreichen. Wenn etwa in Stadtvierteln mit mehrheitlich Schwarzer Bevölkerung die Anzahl der Wahllokale derart reduziert wird, dass für die Stimmabgabe zum Teil stundenlange Wartezeiten in Kauf genommen werden müssen (und dies noch an einem Werktag, da der traditionelle Wahltag der Dienstag ist), so sind solche Modalitäten substanziell geeignet, um die Wahlbeteiligung in ebendieser Bevölkerungsgruppe möglichst gering zu halten.[8] Diese und ähnliche Maßnahmen werden zwar einerseits schlicht aus Gründen des politischen Machtkalküls eingesetzt, wenn republikanische Mehrheiten auf diese Weise versuchen, solche Wähler von der Stimmabgabe abzuhalten, die statistisch gesehen häufig die Demokraten unterstützen. Sie können andererseits aber gleichwohl an immer noch zum Teil tiefsitzende rassistische politische Überzeugungen anknüpfen, die eine gleiche Beteiligung der Schwarzen Bevölkerung an den demokratischen Entscheidungen eben gerade nicht für aushaltbar halten.

Demokratische Gleichheit und Relativierung des Selbst

Diese beschriebene Zumutung der Demokratie, die «Anderen» als Teil der demokratischen Gemeinschaft aushalten zu müssen, betrifft in erster Linie einmal die Ebene der Gruppenzugehörigkeit. Es geht darum akzeptieren zu müssen, dass die «Anderen», die sich kollektiv von der als «eigen» definierten Gruppe unterscheiden, trotzdem in gleicher Weise an den demokratischen Verfahren teilhaben dürfen, dass also der «eigenen» Gruppe nicht die Selbstbestimmung im demokratischen Prozess vorbehalten ist, sondern sie sich vielmehr mit den Mitgliedern anderer in irgendeiner Form als zusammengehörig definierten Gruppen zu einem «demos» als demokratischer Gemeinschaft zusammenschließen muss.

Die Demokratie hält aber noch eine weitere Zumutung bereit, die historisch nicht in gleicher Weise markant ist, unter den aktuellen gesellschaftlichen Bedingungen aber immer stärker als problematisch erlebt wird. Denn die Notwendigkeit, den Anderen als gleich zu akzeptieren, hat in der Demokratie nicht nur eine kollektive, sondern ganz zentral auch eine individuelle Dimension, die sich weniger in der Frage der demokratischen Zugehörigkeit als in der grundlegenden demokratischen Regel der Entscheidung nach Mehrheit offenbart. Die Bereitschaft, demokratische Mehrheitsentscheidungen als verbindlich anzuerkennen, setzt nämlich den Willen voraus, auch auf individueller Ebene den Anderen als gleich zu akzeptieren und damit seinen Interessen, seinen Wünschen, seinen Meinungen und Ansichten dieselbe Berechtigung zuzubilligen wie den eigenen. Wenn auf der Basis dieser Gleichheit dann am Ende die schlichte numerische Mehrheit der Stimmen die eigenen Bedürfnisse, Interessen und Ansichten zurücktreten lässt, verlangt die Demokratie von jedem Unterlegenen, die nach demokratischen Regeln zustande gekommene Entscheidung zu akzeptieren, auch wenn er oder sie sie für noch so falsch, irrational, schädlich oder widersinnig hält.

Damit erlegt das demokratische Prinzip jedem Einzelnen einen nicht unerheblichen Zwang zur Konformität auf, der durch das gleichzeitig gemachte Freiheitsversprechen zwar abgemildert, aber eben nicht aufgelöst wird. Gerade weil die Demokratie in unserem modernen Sinne keine Rousseausche volonté générale erfordert, also keinen umfassenden Konsens der am demokratischen Prozess Beteiligten, setzt sie doch gleichzeitig zumindest voraus, dass die Minderheit sich der Mehrheitsentscheidung unterwirft, sich ihren normativen Wirkungen anpasst und damit letztlich zumindest in äußerer Konformität zu ihr lebt. In einer Gesellschaft, die zunehmend vom Ziel der Individualität und dem Ideal der Selbstoptimierung geprägt ist, ist diese Anforderung nicht unproblematisch. Denn jedenfalls in der (weit verstandenen) bürgerlichen Mitte der Gegenwartsgesellschaft schwindet die Vorstellung, dass Konformität innerhalb der Gesellschaft per se ein wünschenswerter Zustand ist. Nicht die Anpassung an die herrschenden Standards in Mode, Bildung, Beruf, Ernährung, Familie und Freizeit erscheint erstrebenswert, sondern umgekehrt die maximale Verwirklichung der eigenen Person durch Individualität in all diesen Bereichen. Das mag in gewisser Weise paradox sein, weil natürlich in der Individualisierungsideologie zweifelsohne ein Konformitätsdruck ganz eigener Art steckt, der sich nur auf eine andere Art von Zwang bezieht. Wenn die Individualität zum Massenprodukt wird, widerlegt sie sich zwar in gewisser Weise selbst. In der Realität muss dies allerdings in keiner Weise dazu führen, dass sie dadurch automatisch ihren Zauber einbüßen würde. Die Widersprüchlichkeit des massenhaften Individualitätsversprechens gehört vielmehr zu einem Bruch, mit dem es sich in der gegenwärtigen Gesellschaft relativ gut lebt.

Auch wenn sich damit die Maßstäbe für erwartete Konformität tatsächlich in erster Linie verschoben, aber möglicher-

weise gar nicht so stark reduziert haben, lässt diese Entwicklung den Preis, den die Demokratie erfordert, doch gleichwohl
auf einmal subjektiv höher erscheinen. Denn bei der Frage, als
wie groß die Zumutung empfunden wird, in der demokratischen Gemeinschaft gleich gemacht zu werden, ist weniger die
tatsächliche Konformität des eigenen Lebens relevant. Entscheidend ist vielmehr, wie die Vorstellung vom eigenen
(un-)konformen Leben ist. Je konformer das Bild des Einzelnen
von sich selbst ist, desto leichter fällt es ihm oder ihr tendenziell,
die demokratische Gleichheit auch dann zu ertragen, wenn die
Mehrheit der Gleichen eine andere Auffassung vertritt.

Genau dies wird aber zunehmend schwierig in einer Gesellschaft, die vom Leitbild der Einzigartigkeit, der Authentizität
des eigenen Lebens und der Selbstoptimierung geprägt ist.
Wenn, wie in Frankreich, 35 Prozent der Menschen der Auffassung sind, sie hätten nichts mit ihren Mitbürgern gemeinsam,[9]
dann wird es immer mühsamer die Überzeugung aufrechtzuerhalten, dass es legitim und notwendig ist, sich der Entscheidung einer Mehrheit von Menschen unterwerfen zu müssen,
mit denen man sich durch nichts verbunden fühlt. Denn die
Idee von Demokratie als Herrschaftsform der Selbstbestimmung wird in der Wahrnehmung schnell umgedreht zu einer
Diktatur der Mehrheit, wenn man die Entscheidung der Mehrheit nicht mehr auf das eigene Selbst zurückführen will, weil
man sich nicht als Teil der demokratischen Gemeinschaft iden-
tifiziert.

Die Demokratie fordert von jedem Einzelnen, d. h. gerade
auch von denjenigen, die in die Herrschaftsausübung eingebunden und nicht von ihr ausgeschlossen sind, eine Relativierung des Selbst auszuhalten. Die demokratische Freiheit ist immer eine sozial eingebundene Freiheit, die wesentliche Grenzen

in der politischen Mehrheitsentscheidung findet. Und bei dieser Mehrheitsentscheidung ist die eigene Stimme eben immer nur ein winzig kleiner Bruchteil in einer großen demokratischen Masse. Denn die Einbindung von vielen ist ja gerade eines der großen Versprechen der Demokratie. Dies führt aber dazu, dass statistisch gesehen die eigene Stimme nahezu wertlos ist. Jedenfalls in der Massendemokratie ist es fast ausgeschlossen, dass das eigene Votum jemals irgendwo den entscheidenden Ausschlag gibt. Erst durch das Zusammenwirken mit anderen Stimmen bekommt die eigene Entscheidung überhaupt ein politisch relevantes Gewicht. So wichtig, einzigartig und großartig wie das Selbst in der Gesellschaft der Selbstoptimierer ist, stellt es sich in der Demokratie dann auf einmal doch nicht mehr dar.

Diese Relativierung der eigenen Person durch die demokratischen Entscheidungsmechanismen wurde lange Zeit dadurch in ihrer Wahrnehmung abgefedert, dass die eigenen Interessen und Bedürfnisse nicht nur im Hinblick auf die individuelle Lebensgestaltung, sondern auch im Hinblick auf die politische Positionierung sehr stark durch Gruppenzugehörigkeiten kanalisiert wurden. Die eigene politische Meinung hing in deutlich geringerem Maße von individuellen Erwägungen und stärker von kollektiven soziodemographischen Merkmalen ab. Wer etwa in der alten Bundesrepublik zur Arbeiterklasse gehörte, wählte mit relativ hoher Wahrscheinlichkeit die SPD, es sei denn, er gehörte zur katholischen Arbeiterschaft und empfand diese konfessionelle Zugehörigkeit als prägender – dann wählte er oder sie vermutlich die CDU.[10] Wenn die SPD dann die Wahl verlor, konnte dies als Niederlage für die gesamte Gruppe gedeutet werden und weniger als ein persönlicher Misserfolg. Hinzu kommt, dass diejenigen Personen, die sich nicht einer der gesellschaftsprägenden Gruppen zuordnen konnten, also vor allen Dingen Menschen, die nicht weiß und männlich waren, ohnehin im politischen Prozess stark marginalisiert waren und diese Marginalisierung in weiten Teilen auch derart verinnerlicht hatten, dass sie in der konkreten demokratischen Niederlage zumindest keine konkrete weitere Zurückweisung sahen.

In der spätmodernen Gesellschaft sind jedoch nicht nur diese politischen Marginalisierungen tendenziell schwächer geworden. Spiegelbildlich dazu sind auch die politischen Gruppen- und Milieubindungen des nicht marginalisierten Teils der Bevölkerung in starkem Maße verschwunden. Die demokratische Niederlage wird auf diese Weise auf beiden Seiten des politischen Machtspektrums persönlicher, als sie es zuvor oft war. Die (ehemals) Marginalisierten erleben die eigene demokratische Niederlage zunehmend überhaupt als persönlich relevant, ohne dass dies durch eine etablierte politische Gruppenbildung kanalisiert würde. Und die ehemals in politische Milieus Eingebundenen werden durch den Verlust dieser Milieus stärker mit der individuellen Seite der Minderheitsposition konfrontiert, die nun nicht mehr in eine Gruppenerfahrung eingeordnet ist. Paradoxerweise erleben damit beide Gruppen in verstärkter, wenn auch völlig unterschiedlicher Weise die Relativierung der eigenen Person. Wer diese Relativierung nicht auszuhalten bereit ist, erlebt die Demokratie und ihre Entscheidungsmechanismen jedenfalls dann, wenn die Mehrheitsmeinung von der eigenen abweicht, schnell als eine Art narzisstischer Kränkung.

Wen halten wir aus?

Die Bereitschaft, andere Menschen auszuhalten, ist allerdings keine Zumutung, die allein aus der Demokratie erwächst. In jeder Form menschlicher Begegnung ist diese Herausforderung enthalten, sie einzuüben gehört zu den elementaren Anforderungen an soziale Integration. Allerdings waren die Zeiten für ein eigenbrötlerisches Dasein, das sich diesem Druck entzieht, nie besser als jetzt. Die kulturellen, sozialen und wirtschaftlichen Zwänge, die Anwesenheit anderer Menschen aushalten zu müssen, haben in den letzten Jahren dramatisch abgenommen. Ihre Zumutungen sind schon in einem ganz basalen räumlichen Sinne in dem Maße geschrumpft, wie der persönliche Entfaltungsraum gewachsen ist. So lebt heute in mehr als 40% aller Haushalte in Deutschland lediglich eine Person, die dementsprechend in ihren eigenen vier Wänden von jeder Notwendigkeit unmittelbarer sozialer Rücksichtnahme befreit ist. Im Jahr 1961 lag diese Quote noch bei gerade einmal 20%. Des weiteren hat sich der Anteil der Haushalte, in denen vier oder mehr Personen zusammenleben und es miteinander aushalten müssen, von 30% auf etwa 12% reduziert.[11] Die Wohnfläche, die jeder Person zur Verfügung steht, hat sich im selben Zeitraum statistisch gesehen mehr als verdoppelt.[12]

Zu diesem deutlich gesunkenen räumlichen Druck des Miteinanderlebens tritt der geringere allgemeine soziale Druck jenseits der eigenen vier Wände. Nicht zuletzt durch den Umbruch der 68er-Revolution ist die Gesellschaft zunehmend liberaler geworden. Zwar werden auch heute noch (und wieder) intensive Debatten über Vielfalt, Toleranz und Akzeptanz geführt. Im Vergleich zur Situation vor sechzig Jahren sind gleichwohl die Freiheiten, die private Lebensgestaltung auch jenseits überkommener Muster zu führen, in geradezu unvorstellbarer Weise gewachsen. Ob es dabei um Themen wie Kleidungsnormen, Familienformen oder Geschlechterstereotype geht: Vieles, was noch vor einigen Jahren undenkbar war, ist heute gesellschaftlich möglich geworden, ohne sozial sanktioniert zu werden.

Wenn aber der äußere Druck ab- und die innere Freiheit zunimmt, stellt sich umso mehr die Frage, wie viel Zwang, wie viel Konformität und wie viel Rücksicht sich jeder Einzelne selbst zumuten will, um sich in ein soziales Gefüge einzupassen. Was halte ich noch für erträglich? Welche Zugeständnisse bin ich bereit zu machen? Womit will ich mich konfrontieren und wo lehne ich eine Auseinandersetzung ab? Gerade im demokratischen Prozess, in dem gegenläufige Positionen und Interessen immer wieder aufeinanderprallen und kompromisshaft austariert werden, müssen diese Fragen des sozialen Miteinanders immer wieder neu ausgelotet werden. Das soll hier anhand dreier aktueller Beispiele veranschaulicht werden.

Dann geh doch rüber!

Wie stark in der heutigen politischen Debatte Reflexe eines Nichtaushaltens sind, kann exemplarisch gezeigt werden anhand einer kurzen Episode, die die deutsche Politik Anfang des Jahres 2020 aufwühlte. Zu diesem Zeitpunkt trat in Thüringen der wenige Monate zuvor gewählte Landtag zusammen, um einen neuen Ministerpräsidenten zu wählen. Der bisherige Amtsinhaber Bodo Ramelow (Die Linke) kandidierte, ohne eine parlamentarische Mehrheit hinter sich zu haben. Sein Ziel war es, im dritten Wahlgang die notwendige relative Mehrheit auf sich zu vereinigen, um fortan eine rot-rot-grüne Minderheitsregierung anführen zu können. Im ersten und zweiten Wahlgang trat Ramelow gegen einen von der AfD nominierten Gegenkandidaten an. Im dritten Wahlgang nominierte die FDP ihren Landesvorsitzenden Thomas Kemmerich, der – für die meisten Beobachter wohl überraschenderweise – nun fast alle Stimmen jenseits des rot-rot-grünen Lagers auf sich versammeln konnte. Da in der geheimen Wahl der AfD-Kandidat keine einzige Stimme mehr erhielt, sondern die Abgeordneten der rechtspopulistischen Partei wohl geschlossen für den selbsternannten bürgerlichen Kandidaten stimmten, wurde Kemmerich zum Ministerpräsidenten gewählt und nahm die Wahl trotz des Fehlens jeder Vorbereitung an.[13]

Dieser Vorgang, durch den zum ersten Mal ein Ministerpräsident mithilfe der AfD ins Amt kam, löste ein mittleres politisches Erdbeben aus. Das Bedürfnis vor allem der bürgerlichen politischen Mitte, eine klare Grenze nach Rechtsaußen zu markieren, war enorm. Kanzlerin Angela Merkel nannte den Vorgang am nächsten Tag auf einer Pressekonferenz im Palast des südafrikanischen Präsidenten in Pretoria «unverzeihlich» und hielt fest, dass «deshalb das Ergebnis auch wieder rückgängig gemacht werden» müsse.[14] Sowohl Politiker und Politikerinnen als auch Journalisten und Journalistinnen bedienten immer wieder das Bild des Damm- und Tabubruchs, um ihrer Fassungslosigkeit Ausdruck zu verleihen.

Wo Dämme und Tabus brechen, da entsteht sehr oft der Wunsch danach, neue, noch höhere Wälle zu errichten. Nach der Ministerpräsidentenwahl in Thüringen schlug dieses Bedürfnis nach Grenzziehung allerdings teilweise in einen Wunsch nach Ausgrenzung um. Zu den möglichen Reaktionen, die vor allem außerhalb von Thüringen diskutiert und gefordert wurden, gehörte nämlich auch der Ausschluss der thüringischen Landesverbände von CDU und FDP aus den jeweiligen Gesamtparteien.[15] Die Diskussion weitete sich aus, als einzelne CDU-Politiker forderten, die sogenannte Werteunion, die sich als konservative Basisbewegung im Umfeld der CDU beschreibt und deren Mitglieder zum Teil die Wahl Kemmerichs begrüßt hatten, strikt von der Partei zu lösen und ihre Mitglieder auszuschließen.[16]

Diese Ausgrenzungsreflexe erinnern in gewisser Weise an ein Diskussionselement der alten Bundesrepublik. «Dann geh doch rüber!», so lautete in Zeiten der deutschen Teilung oft das letzte Argument, um kritische Diskussionen über die Zustände in der Bundesrepublik zu ersticken. Der Verweis auf die DDR zielte darauf ab, die bestehende Ordnung auf denkbar einfache Weise gegen Kritik zu immunisieren. Wem etwas nicht passe, der könne ja einfach gehen, Auseinandersetzungen waren unerwünscht. Anders als in der DDR, wo Zwangsausbürgerungen tatsächlich gezielt als politische Waffe gegen Oppositionelle eingesetzt wurden, blieb dieses Argument im Westen allerdings eine rhetorische Figur. «Dann geh doch rüber!» war nur selten tatsächlich wörtlich gemeint und als Aufforderung zu verstehen. In den meisten Fällen verbarg sich dahinter allein der Versuch, Kritiker der westlichen Lebensverhältnisse mundtot zu machen.[17] Damit gehörte der Satz ohne Zweifel weder zu den ausgefeiltesten noch zu den diskursivsten Entgegnungen in der politischen Auseinandersetzung. Seine historische Ausgrenzungslogik unterscheidet sich aber dennoch zentral von der jüngeren Debatte. Denn mit ihr wurde der Angesprochene jedenfalls nicht direkt aus der Gemeinschaft ausgeschlossen – nicht zuletzt deshalb, weil in der Logik der Verteidiger des westdeutschen Systems die DDR-Bürger ja gerade Teil der eigenen Gemeinschaft waren, die eben nur unter der «falschen» Regierung standen. Der Ton ist also mittlerweile deutlich schärfer geworden.

Nun ist es zweifelsohne zunächst eben nur das: ein Ton, eine Nuance in der Diskussion, und man sollte die politischen Realisierungschancen solcher Ausschlussvorhaben nicht überbewerten. Trotzdem ist es interessant zu sehen, dass mit dieser besonderen Form des Nichtaushaltenwollens in der politischen Auseinandersetzung eine Handlungsoption ins Spiel gebracht wird, die zwar als rechtlich vorgeformtes Instrument existiert, in vielen Jahrzehnten der Bundesrepublik aber praktisch ohne jegliche Relevanz blieb und erst in jüngerer Zeit überhaupt erst wiederentdeckt wurde – ironischerweise allerdings von der AfD. Ein zentraler Meilenstein war dabei im Jahr 2016 der Versuch des AfD-Bundesvorstands, den saarländischen Landesverband aus der Partei zu entfernen, weil die dortigen Amtsträger ihm zu weit in der Nähe des Rechtsradikalismus zu stehen schienen. Zwar scheiterte der Vorstand am Ende mit diesem Vorhaben vor dem Bundesschiedsgericht.[18] Aber die Logik des Ausschließens und Absetzens machte Schule. So konnte zwei Jahre später der Bundesvorstand immerhin die Absetzung des kompletten Landesvorstands in Niedersachsen durchsetzen.[19] Im Sommer 2019 genügte dann schon die Drohung mit der Entmachtung des Landesvorstandes Nordrhein-Westfalen, um die erstrebte Vorstandsneuwahl zu bewirken.[20] Nur mit dem Saarland tut sich die AfD nach wie vor schwer. Hier griff der Bundesvorstand im Jahr 2020 erneut durch und setzte den Landesvorstand ab.[21] Erst im Oktober 2022 konnte wieder eine ordnungsgemäße Führung gewählt werden.

Doch nicht nur diese kollektiven Ausschlussmechanismen, auch der individuelle Parteiausschluss von einzelnen Mitgliedern gelangte zuletzt durch die AfD zu neuer Blüte, wenn auch mit unterschiedlichen Ergebnissen. Während ein Parteiausschlussverfahren gegen den prominenten Vertreter des rechtsextremen Flügels Björn Höcke im Ergebnis scheiterte, konnte sich die Partei von der ehemaligen Landesvorsitzenden von Schleswig-Holstein, Doris Sayn-Wittgenstein, genauso erfolgreich trennen wie vom ehemaligen Brandenburger Landesvorsitzenden Andreas Kalbitz.[22] Die Liste weiterer teils erfolgreicher, teils erfolgloser Ordnungsmaßnahmen gegen hochrangige Funktionsträger ist lang.

Nun ist diese deutliche Häufung von Ausschlussversuchen sowohl gegenüber ganzen Parteigliederungen als auch gegenüber Einzelpersonen bei der AfD zum Teil sicherlich schlicht den chaotischen Zuständen geschuldet, die sich innerhalb der Partei quasi seit ihrer Gründung abspielen. Die fehlende Auseinandersetzung, das Ausgrenzen und Ausschließen sind aber gleichzeitig auch Ausdruck eines durch und durch autoritären Reflexes, mit dem die Parteiführung auf innerparteiliche Richtungskämpfe reagiert. Um dies zu verdeutlichen, lohnt es sich, kurz die Grenzen zu vergegenwärtigen, die das Recht den Parteien im Hinblick auf solche Instrumente setzt. Der Spielraum der Parteien ist hier nämlich deutlich beschränkt. So bestimmt das deutsche Parteiengesetz, dass ein Mitglied nur dann aus der Partei ausgeschlossen werden kann, wenn es vorsätzlich gegen die Satzung oder erheblich gegen Grundsätze oder Ordnung der Partei verstößt und ihr damit schweren Schaden zufügt.[23] Auch der Ausschluss eines Gebietsverbands darf nur erfolgen, wenn schwerwiegende Verstöße gegen die Grundsätze oder die Ordnung der Partei vorliegen.[24] Zudem können solche Maßnahmen überhaupt nur gegen Verbände unterhalb der Ebene der Landesverbände verhängt werden.[25] Diese engen Grenzen lassen durchaus einen Parteiausschluss zu, wenn etwa in einem Fall wie dem von Thilo Sarrazin ein Parteimitglied öffentlichkeitswirksam und unter Bezugnahme auf seine Parteimitgliedschaft rassistische Thesen verbreitet, die im eklatanten Widerspruch zur elementaren politischen Grundausrichtung der Partei stehen. Sie verhindern aber, dass der Ausschluss zum Mittel politischer Auseinandersetzung gemacht wird.

Denn die Notwendigkeit, andere Meinungen nicht einfach auszuschließen, selbst wenn diese unangenehm, inakzeptabel, ja manchmal unerträglich erscheinen, ist eben elementarer Bestandteil jeder demokratischen Ordnung. Und zu einer solchen inneren Ordnung sind auch die politischen Parteien unmittelbar durch die Verfassung selbst verpflichtet.[26] Zu den Grundfesten der Demokratie gehört es insofern, dass man sich über die verschiedenen Vorstellungen zur Gestaltung der Gesellschaft auseinandersetzt, dass man sich streitet und dabei die anderen Meinungen auszuhalten lernt. Anderen Meinungen soll im demokratischen Prozess zunächst einmal mit Argumenten begegnet werden und nicht mit einer Entfernung aus der Gemeinschaft.

Wenn die Bereitschaft dazu in den politischen Parteien als zentralen demokratischen Akteuren zunehmend schwindet, so ist dies jedenfalls auch zum Teil einer öffentlichen Aufmerksamkeitsmaschinerie geschuldet, in der die Forderung nach Ausschluss kommunikativ als Akt maximaler Abgrenzung eingesetzt wird. Gleichzeitig gehen die entsprechenden Forderungen aber in gewisser Weise auch der AfD und anderen Rechtspopulisten mit ihren demokratiezersetzenden Konzepten auf den Leim. Denn das ganze rechtspopulistische Gedankenmodell mit seinem Konzept vom einen, wahren, richtigen «Volk» und seiner zentralen Unterscheidung zwischen «uns» und «denen» beruht am Ende maßgeblich auf der Idee, die «Anderen», die, deren Meinung man nicht teilt, aus dem «Volk» und damit aus der demokratischen Gemeinschaft ausschließen zu wollen. Damit spiegeln sie im Miniaturformat die anderen gegenwärtigen Entwicklungen des Nichtaushaltens wider, die neben der politischen Zugehörigkeit auch die politische Kommunikation und die demokratische Zugehörigkeit im weiteren Sinne betreffen.

Man wird doch wohl noch sagen dürfen …

Im Bereich der im weiten Sinne politischen Kommunikation macht seit einiger Zeit ein überaus ambivalentes Schlagwort die Runde. Unter dem mehr als unscharfen Titel der «Cancel Culture» wird, sehr allgemein gefasst, diskutiert, inwiefern sich vor allen Dingen in den sozialen Medien, im Wissenschaftssektor und in der Kulturszene Beeinträchtigungen der freien Meinungsäußerung, der Wissenschafts- und Kunstfreiheit mehren. Häufig, aber nicht immer, werden diese Angriffe auf eine behauptete Dominanz der sogenannten «Political Correctness» zurückgeführt. Dabei wird mit dem polemischen Begriff der «Cancel Culture» terminologisch ein sehr komplexes Phänomen überaus oberflächlich und einseitig zu erfassen versucht, ohne dass jedoch klar definiert würde, was mit dieser Bezeichnung präzise gemeint ist.

Eine größere Aufmerksamkeit erreichte die Debatte, als sich im Februar 2021 ein «Netzwerk Wissenschaftsfreiheit» gründete als «Zusammenschluss von Wissenschaftlerinnen und Wissenschaftlern, die sich für ein freiheitliches Wissenschaftsklima einsetzen»[27]. Auch in diesem Netzwerk blieb der Problembefund indes vage. «Einzelne beanspruchen vor dem Hintergrund ihrer Weltanschauung und ihrer politischen Ziele, festlegen zu können, welche Fragestellungen, Themen und Argumente verwerflich sind. Damit wird der Versuch unternommen, Forschung und Lehre weltanschaulich zu normieren und politisch zu instrumentalisieren. Wer nicht mitspielt, muss damit rechnen, diskreditiert zu werden. Auf diese Weise wird ein Konformitätsdruck erzeugt, der immer häufiger dazu führt, wissenschaftliche Debatten im Keim zu ersticken»[28], so heißt es im offiziellen «Manifest» der Gruppe.

Der Philosoph Dieter Schönecker, selbst Mitglied des Netzwerks, hielt ausdrücklich fest, dass es für eine vernünftige Diskussion eines brauchbaren Begriffs der Cancel Culture bedürfe, um dann sogleich zu ergänzen, dass die Begriffsbestimmung schwierig sei. Aber an den Rändern sei «doch klar, worum es geht.»[29] Sodann führte er aus, es tangiere «in jedem Fall die Wissenschaftsfreiheit, wenn Vorträge oder Vorlesungen gestört oder gar verhindert werden; wenn Mittel gestrichen werden, um Vorträge zu finanzieren; wenn dazu aufgefordert wird, Aufsätze nicht zu veröffentlichen; wenn ganze Fakultäten sich öffentlich gegen eines ihrer Mitglieder erklären; wenn jemand etwa als ‹Rassist› oder ‹Nazi› beleidigt oder verleumdet wird, und sei es auch nur im nicht-justiziablen Sinne; und natürlich auch dann, wenn Wissenschaftler Repressalien wie Dienstaufsichtsbeschwerden oder disziplinarische Maßnahmen bis hin zur Entlassung befürchten müssen (und gewiss doch auch, wenn Kollegen Morddrohungen erhalten).» Auch damit bleibt allerdings das Phänomen unscharf. Ist jede Bezeichnung als «Rassist» oder «Nazi» ein Element der «Cancel Culture»? Ist sie es nur, wenn sie einen Wissenschaftler oder eine Wissenschaftlerin trifft? Ist jede Morddrohung nicht nur eine abscheuliche Straftat, sondern auch ein Teil der «Cancel Culture»? Oder gilt auch dies nur, wenn die Drohung gegenüber einem Wissenschaftler oder einer Wissenschaftlerin ausgesprochen wird?

Es scheint jedenfalls sehr stark um eine als solche erlebte «Diskreditierung» zu gehen. Der Historiker Andreas Rödder, Mitglied der «Steuerungsgruppe» des Netzwerks, stellt maßgeblich darauf ab, dass zunehmend das Sagbare eingeschränkt werden solle – allerdings vor allen Dingen durch Diskurs bzw., genauer gesagt, durch «massive Anwürfe» und «massive Diffamierungen», die auf der moralischen Ebene ansetzten. Durch die «moralische Diffamierung als Rassist oder Sexist» würden die Betroffenen «als moralische Person gecancelt».[30] Obwohl Mitglieder des Netzwerks also einerseits betonen, es gehe nicht darum, sich gegen Kritik zu immunisieren,[31] wird der so plakativ verwandte Begriff des «Canceln» hier doch zumindest teilweise schlicht mit moralischer Kritik gleichgesetzt.[32] Und selbst dort, wo es um mehr als reine Kritik geht, etwa, indem Veranstaltungen gestört oder in Einzelfällen abgesagt werden, geschieht dies in erster Linie gerade nicht in Situationen, in denen die Kritisierten im Rahmen vertikaler Machtstrukturen in ihrer Arbeit behindert oder «gestrichen» würden. «Die Einschränkungen gehen von Wissenschaftlern und Studierenden aus», erklärt vielmehr Sandra Kostner, die Sprecherin des Netzwerks.[33] Angriffspunkt ist also nicht eine Unterdrückung von oben, sondern eine Kritik, die in herkömmlichen Machtstrukturen von Gleichgestellten oder sogar von solchen Akteuren geäußert wird, die mit weniger Machtressourcen ausgestattet sind als die Akteure selbst.[34]

Die Fälle, aus denen die Protagonisten der Gegenbewegung eine «Cancel Culture» ableiten wollen, sind sehr unterschiedlich und wenig homogen, so dass den Kritikern ihrerseits mit guten Argumenten vorgeworfen wird, es handele sich gerade nicht um eine reale gesellschaftliche Entwicklung, sondern nur um eine vollkommen diverse Ansammlung von Einzelfällen. Nimmt man einmal die Konstellationen heraus, in denen es tatsächlich nur um eine harte, verkürzte, möglicherweise polemische und/oder beleidigende Auseinandersetzung geht, die vor allen Dingen moralisch argumentiert, so haben die verbleibenden Beispiele, die immer wieder ins Feld geführt werden, aber eins gemeinsam: Sie bringen den Willen zum Ausdruck, die andere Meinung und den Andersmeinenden nicht aushalten zu wollen.

Deutlich wird dies etwa an einem Vorgang aus dem Jahr 2016, bei dem die Alice Salomon Hochschule Berlin an einem ihrer Gebäude das Gedicht «Avenidas» von Eugen Gomringer überstreichen ließ, weil Studierendenvertreter es als sexistisch kritisiert hatten.[35] Gleiches gilt für die Proteste gegen die Konferenz «Das islamische Kopftuch – Symbol der Würde oder der Unterdrückung?», die im Frühjahr 2019 an der Universität Frankfurt stattfand. Im Vorfeld hatten Aktivistinnen aus der Studierendenschaft nicht nur eine Absage der Veranstaltung gefordert, sondern auch unter dem Hashtag «#schroeter_raus» eine Kampagne in den sozialen Medien gegen die Veranstalterin, Susanne Schröter, lanciert.[36] Trotzdem wurde die Veranstaltung durchgeführt. Die Universitätsleitung hatte sich nachdrücklich hinter die Veranstalterin gestellt und jeden Versuch der inhaltlichen Einflussnahme strikt zurückgewiesen.[37] Auch die massiven Störungen einer Vorlesung des ehemaligen AfD-Politikers Bernd Lucke an der Universität Hamburg mehrere Monate später, die dazu führten, dass die Veranstaltung zu Beginn mehrfach abgebrochen werden musste und später zum

Teil unter Polizeischutz stattfand,[38] sind Ausdruck einer inneren Haltung, die eine Konfrontation mit bestimmten anderen Personen, deren Einstellungen oder Verhalten man als moralisch verwerflich ansieht, nicht aushalten will.

Auf beiden Seiten der verhärteten Fronten steht also eine Immunisierungsstrategie: Eine Immunisierung gegen unangenehme Inhalte auf der einen Seite, eine Immunisierung gegen (jedenfalls moralische) Kritik auf der anderen Seite. Möglicherweise beruht diese Ähnlichkeit in der Immunisierungsstrategie auf einer anderen Ähnlichkeit, die man als gemeinsames Missverständnis lesen kann: der Überzeugung, dass Kritik an der eigenen Auffassung oder dem eigenen Selbstverständnis einen Angriff auf die eigene Identität darstellt – und damit einen Mangel an Anerkennung.[39] Es geht also in gewisser Weise um eine Überhöhung des Selbst, eine Verabsolutierung der eigenen Person, bei der die Auseinandersetzung mit dem Anderen schnell zur persönlichen Kränkung wird. Damit fehlt es an der Bereitschaft, die Relativierung der eigenen Person hinzunehmen, die immer notwendig ist, wenn die Nähe anderer Menschen mit ihren divergierenden Wünschen, Zielen, Meinungen und Vorstellungen ausgehalten werden soll.

Diese Interpretation der Debatte um die «Cancel Culture» als Ausdruck eines beiderseitigen Identitätskonflikts schlägt die Brücke zum letzten Beispiel des Nichtaushaltenwollens, das hier untersucht wird: Denn nicht nur der Andersdenkende wird als Angriff auf die eigene Identität verstanden. Im Rahmen des in Europa erstarkenden Rechtspopulismus ist es zunehmend der «Andersseiende», derjenige, der als «anders» und «fremd» definiert wird, der in bestimmten Teilen der Bevölkerung als Angriff auf die eigene Identität begriffen und dessen Co-Existenz zunehmend nicht (mehr) ausgehalten wird.

WIR sind das Volk (und nicht ihr)

«Wir holen uns unser Land zurück.» Diese Ankündigung des damaligen AfD-Vorsitzenden Alexander Gauland am Abend der Bundestagswahl 2017[40] lässt viele Fragen offen. Wer ist dieses wir? Und von wem müssen «wir» uns unser Land zurückholen? Wer hat es jetzt und warum? Was aber außer Frage steht, ist die eindeutig ausgrenzende Rhetorik, derer sich dieser Satz bedient. Es geht um die Abgrenzung eines legitimen «Wir» von einem illegitimen «Ihr», das offensichtlich «unser» Land in Besitz genommen hat.

Diese Form der Kommunikation reiht sich in gewisser Weise hervorragend ein in die islamfeindliche Pegida-Bewegung, die Ende 2014 begann, der friedlichen Revolution den Satz «Wir sind das Volk» zu entreißen und ihn in den Kontext ihrer rechtspopulistischen Parolen zu stellen.[41] Aus einem demokratischen Aufbruch wurde auf diese Weise ein identitärer Ausschluss. Wir sind das Volk – und nicht ihr, müsste es in diesem Sinne heißen. Das «Wir» hat hier nichts Inklusives. Es grenzt ab und es grenzt aus. Über das Kollektiv wird die eigene Position überhöht, die imaginierte Gemeinschaft wird verabsolutiert, die Ideen, Meinungen, Interessen und Bedürfnisse der Außenstehenden werden als illegitim gebrandmarkt.

Dieser Ausschluss der «Anderen» über das Merkmal des «Volkes» wirkt in dieser Rhetorik in zwei Richtungen. Sie richtet sich zum einen gegen die «herrschende Klasse», die diffus als illegitim, möglicherweise als korrupt wahrgenommene demokratische Elite. Deutlich wird dies etwa am Grundsatzprogramm der AfD, in dem dieser Aspekt vor allen Dingen auch mit dem Prozess der europäischen Integration verknüpft wird: «Spätestens mit den Verträgen von Schengen (1985), Maastricht (1992) und Lissabon (2007) hat sich die unantastbare Volkssouveränität als Fundament unseres Staates als Fiktion herausgestellt. Heimlicher Souverän ist eine kleine, machtvolle politische Führungsgruppe innerhalb der Parteien. Sie hat die Fehlentwicklungen der letzten Jahrzehnte zu verantworten. Es hat sich eine politische Klasse von Berufspolitikern herausgebildet, deren vordringliches Interesse ihrer Macht, ihrem Status und ihrem materiellen Wohlergehen gilt. Es handelt sich um ein politisches Kartell, das die Schalthebel der staatlichen Macht, soweit diese nicht an die EU übertragen worden ist, die gesamte politische Bildung und große Teile der Versorgung der Bevölkerung mit politischen Informationen in Händen hat. Nur das Staatsvolk der Bundesrepublik Deutschland kann diesen illegitimen Zustand beenden.»[42]

Damit wird der Bogen gespannt von den eigentlichen demokratischen politischen Entscheidungsträgern hin zu dem, was auf Pegida-Demonstrationen und darüber hinaus immer wieder als «Lügenpresse» bezeichnet wird.[43] In klassischen rechtspopulistischen Deutungsmustern geht es um «die da oben», die Eliten, die sich gegen «uns», das «eigentliche Volk» zusammengeschlossen haben und dieses «Uns» von der politischen Macht, der Mitbestimmung, ja sogar vom Zugang zu richtigen Informationen ausschließen wollen. Es folgt der umgekehrte Ausschluss: WIR, nicht DIE, sind das Volk, WIR, nicht DIE, sind also legitimer Träger demokratischer Herrschaft.

Neben diese Ausgrenzung im Rahmen einer Elitenkritik tritt zweitens eine ethnisch-religiös-kulturelle Ausgrenzungsrhetorik, die sich vor allen Dingen gegen «den Islam» als ultimativ Andersartiges und Auszuschließendes richtet. Das Grundsatzprogramm der AfD widmet ihm einen ganzen Abschnitt. «Der Islam gehört nicht zu Deutschland», ist dabei die zentrale Botschaft. «In seiner Ausbreitung und in der Präsenz einer ständig wachsenden Zahl von Muslimen sieht die AfD eine große Gefahr für unseren Staat, unsere Gesellschaft und unsere Werteordnung.»[44] Zwar verweist das Programm gleichzeitig darauf, dass viele Muslime «rechtstreu sowie integriert» lebten und akzeptierte und geschätzte Mitglieder unserer Gesellschaft seien. Aber die Ausgrenzungslogik bleibt bestehen, auch wenn zwischen «dem Islam» einerseits und den rechtstreuen und integrierten Musliminnen und Muslimen andererseits unterschieden wird.

Diese kommunikativen Ausgrenzungsmechanismen gegenüber dem Islam setzen sich in der täglichen Arbeit der AfD fort. Sie funktionieren in erster Linie, indem sie mit diffusen Ängsten der Zuhörer spielen. Als geradezu prototypisch kann dabei eine Äußerung der Fraktionsvorsitzenden im Bundestag Alice Weidel aus dem Jahr 2018 gelten: «Burkas, Kopftuchmädchen, alimentierte Messermänner und sonstige Taugenichtse werden unseren Wohlstand, das Wirtschaftswachstum und vor allem den Sozialstaat nicht sichern.»[45] Die Burka und das Kopftuch als religiöse Symbole werden hier gleichgesetzt mit dem «Messer» der «Messermänner», das ein klares körperliches Gewalt- und Bedrohungsszenario assoziiert. Das Messer erscheint hier also im Zusammenhang religiöser Markierung und nährt damit ein diffuses Bedrohungsgefühl gegenüber dem Islam bzw. Musliminnen und Muslimen. Gleichzeitig erfolgt eine pauschale Abwertung, mit der Burka- und Kopftuchträgerinnen in gleicher Weise wie «Messermänner» als «Taugenichtse» eingeordnet werden.[46]

Am Ende ist der Islam sogar an der Corona-Pandemie schuld. Anlässlich eines schlicht sachlich unzutreffenden Berichts der Bild-Zeitung über die angebliche Quote von Covid-

19-Intensivpatienten mit Migrationshintergrund erklärte etwa der innenpolitische Sprecher der AfD-Bundestagsfraktion im März 2021, die Bundesregierung versuche seit Beginn der Corona-Krise, den Anteil von muslimischen Migranten am Infektionsgeschehen zu verschleiern. «Hätte die Regierung diese Gruppe der offenbaren AHA-Regeln-Verweigerer überhaupt einmal als solche benannt und in den Blick genommen, um dann dort gezielt mit Maßnahmen gegenzusteuern, wäre demnach ein Rückgang der Infektionszahlen längst zu erwirken gewesen – und damit auch ein Ende des Lockdowns unumgänglich geworden.»[47] Es sind also wieder einmal die «Anderen», die sich nicht an die Regeln halten, nicht dazugehören und so verhindern, dass «wir» aus den Einschränkungen des Lockdown entlassen werden. Auch hier erfolgt die Ausgrenzung maßgeblich über eine auf das Körperliche zielende Angst – in diesem Fall die Angst vor dem Virus.

Diese klassischen rechtspopulistischen Kommunikationsmuster leben in ihrer Ausgrenzungsrhetorik von einer Kollektivierung.[48] Weil der Einzelne sehr stark in einer imaginierten, als legitim konstruierten (Volks-)Gemeinschaft aufgeht, springt die besondere Bedeutung des Nichtaushaltens hier nicht sofort ins Auge, weil die Abgrenzung ja mit einer Gruppenbildung einhergeht, die es jedenfalls erfordert, die anderen Mitglieder der Gruppe zu ertragen. Die damit verbundenen Zumutungen lösen sich aber bei näherer Betrachtung auf, wenn man in Rechnung stellt, wie die Gruppe konstruiert wird. Denn das Gemeinschaftsbild ist nicht nur hochgradig imaginiert. Es ist letztlich auch so zusammengesetzt, dass es die Abgrenzungen zwischen Kollektiv und Individuum verschwimmen lässt und gerade dadurch die Zumutungen beherrschbar macht. Das «Wir» in dieser Logik ist in erster Linie eine Pluralisierung des «Ich». Zu meinem «Wir» gehört nur, wer so ist, wie ich es bin. Damit wird aber die Überhöhung der eigenen Person auf die Spitze getrieben, weil letztlich nur die eigenen Interessen, die eigenen Bedürfnisse und die eigenen Wünsche als legitim erachtet werden.

Vor diesem Hintergrund ist es dann nicht mehr verwunderlich, wenn die Kategorien von «wir» und «ich» schon einmal durcheinandergeraten. Exemplarisch zeigt dies ein Redebeitrag des damaligen AfD-Fraktionsvorsitzenden Alexander Gauland im Bundestag aus dem Jahr 2018: «Das Selbstbestimmungsrecht eines Volkes umfasst natürlich auch das Recht, zu bestimmen, mit wem *ich* zusammenleben will und wen *ich* in *meine* Gemeinschaft aufnehme. Es gibt keine Pflicht zu Vielfalt und Buntheit. Es gibt auch keine Pflicht, *meinen* Staatsraum mit fremden Menschen zu teilen.»[49] Mein Staatsraum, meine Gemeinschaft, mein Zusammenleben – zentrale Begriffe demokratischer Ordnung werden hier auf einmal individualisiert. Die fehlende Bereitschaft, die Anderen auszuhalten, wird damit auf die Spitze getrieben.

Zusammen allein? Demokratische Versprechen der Gemeinsamkeit

Nun könnte man vor diesem Hintergrund den Eindruck gewinnen, der Weg in die Vereinzelung sei unaufhaltsam. Wenn wir die Anderen nicht mehr aushalten, bleibt vielleicht noch der Rückzug in eine imaginierte Volksgemeinschaft, ansonsten allein die Isolation. Aber so einsam ist es in der Gesellschaft dann doch nicht geworden. Ganz im Gegenteil: In den letzten Jahren ist vielmehr gleichzeitig eine Gegenbewegung zu beobachten, die den alltäglichen, wenig organisierten sozialen Begegnungen eine wachsende Bedeutung für das Zusammenleben, vor allem aber auch für die individuelle Entfaltung beimisst. Allerdings bildet sich diese Entwicklung bisher weniger im politischen Tagesgeschäft oder der Publizistik, sondern überraschenderweise vor allem im Recht oder, genauer gesagt, in der Rechtsprechung des Bundesverfassungsgerichts ab. Verankert im Verfassungsrecht und damit in der demokratischen Ordnung des Grundgesetzes erhält die demokratische Gemeinschaft hier doch wieder die Dimension eines Versprechens. Denn so ganz allein wollen die meisten Menschen dann eben doch nicht sein.

Was uns zusammenhält: Bierdosenflashmobs, Flughafenshopping, Fußballstadien

Um diese rechtliche Entwicklung zu verstehen, muss man zunächst wissen, was ein Bierdosenflashmob ist. Das mag zunächst überraschen, denn ein Bierdosenflashmob ist eigentlich eine relativ banale Angelegenheit. Eine Gruppe von Menschen versammelt sich auf einem öffentlichen Platz und leert auf Kommando («Für die Freiheit – trinkt AUS!») schnellstmöglich ein Dosenbier. Unter Verfassungsrechtlern ist der Bierdosenflashmob trotzdem seit einigen Jahren zu einem Freiheitssymbol geworden. Emblematisch steht er für die überwältigende grundrechtliche Bedeutung des öffentlichen Raums – und seine Anerkennung durch das Bundesverfassungsgericht.

Das Gericht hatte nämlich im Jahr 2015 darüber zu entscheiden, ob ein solcher Flashmob auf dem Nibelungenplatz in Passau stattfinden darf.[50] Dieser Platz im Innenstadtbereich wirkt wie ein gewöhnlicher Teil der Fußgängerzone, ist aber tatsächlich kein öffentliches Straßenland, sondern steht im Eigentum eines privaten Investors. Als privater Eigentümer kann dieser Investor die Nutzung seiner Fläche grundsätzlich deutlich freier bestimmen als die öffentliche Hand. Dementsprechend wollte er auch einen «Bierdosenflashmob für die Freiheit» auf seinem Gelände nicht dulden und verhängte gegen den Veranstalter ein Hausverbot (oder, genauer gesagt: ein Platzverbot), außerdem ließ er gerichtlich die Werbung für diese Veranstaltung auf Facebook untersagen. Gegen beide Maßnahmen konnte sich der Veranstalter erfolgreich vor dem Bundesverfassungsgericht wehren. Er durfte also seine Spontanversammlung, bei der sich an das Biertrinken eine kurze Rede und eine ebenso knappe Publikumsdiskussion anschließen sollten, durchführen und sie auch bewerben. Der Grund dafür war eine schlichte Abwägungsentscheidung. Da die Versammlung nur etwa 15 Minuten dauern sollte, keine allzu große Teilnehmerzahl zu erwarten war und der Veranstalter dafür Sorge tragen wollte, den Platz durch die Versammlung nicht zu vermüllen oder andere Passanten zu belästigen, war die Beeinträchtigung des Eigentümers im Verhältnis so gering, dass seine Interessen hier hinter der Versammlungsfreiheit zurückstehen mussten.

Diese Argumentation mag für den unbefangenen Leser zunächst einmal nicht besonders überraschend sein, sondern vielmehr einem gerechten Ausgleich entsprechen. Aus juristischer Sicht gleicht die Entscheidung gleichwohl einer kleinen Revolution. Denn das Bundesverfassungsgericht hat hier im Hinblick auf die Grundrechte einen Privaten im Ergebnis wie den Staat behandelt – aufgrund seiner Verfügungsmacht über den öffentlichen Raum. Da hier ein Privater in einer Weise die Rahmenbedingungen öffentlicher Kommunikation bereitstelle, wie dies früher allein der Staat getan habe, müsse er damit auch ähnlich wie der Staat die Freiheitsrechte der Bürger achten. Damit macht das Gericht die Fußgängerzone zu einem zentralen Begegnungs- und Kommunikationsort, der für die Freiheitsentfaltung des Einzelnen von nicht zu unterschätzender Bedeutung ist. Das gilt auch, wenn die Freiheit vor allen Dingen zum gemeinsamen Biertrinken genutzt wird.

Damit knüpfte das Bundesverfassungsgericht an eine frühere Entscheidung aus dem Jahr 2011 an, in der es um eine ähnliche Konstellation ging.[51] Eine Aktivistin, die sich gegen Abschiebungen engagiert, verteilte im öffentlich zugänglichen Bereich des Frankfurter Flughafens politische Flugblätter und wurde daraufhin von der Betreiberin des Flughafens mit einem «Flughafenverbot» belegt. Gegen dieses Betretungsverbot ging die Frau gerichtlich vor und war schließlich vor dem Bundesverfassungsgericht erfolgreich. Der juristische Weg, die Flughafenbetreiber letztlich an das Grundrecht der Versammlungsfreiheit zu binden, war hier formal deshalb einfacher, weil die Anteile an der privaten Flughafengesellschaft im Ergebnis mehrheitlich im Eigentum der öffentlichen Hand standen. Die Gründe, die für diese Stärkung der Demonstrationsfreiheit sprachen, decken sich aber im Grundsatz mit denen aus der späteren Entscheidung zum Bierdosenflashmob. Maßgeblich war insofern die Idee eines öffentlichen Forums, das im Flughafengebäude mit seinen Geschäften, Cafés, Bars und Restaurants und seinem Slogan «Airport Shopping für alle!» entstand. Ein öffentliches Forum sei dadurch charakterisiert, dass auf ihm eine Vielzahl von verschiedenen Tätigkeiten und Anliegen verfolgt werden könne und hierdurch ein vielseitiges und offenes Kommunikationsgeflecht entstehe. Es geht auch hier also wiederum um die Kommunikationsbeziehungen, die an solchen öffentlichen Orten entstehen können, und zwar gerade deshalb, weil man sich an ihnen auch zufällig begegnen kann. Das Flanieren, das Einkaufen, der Gang ins Kino oder zum Friseur eröffnen einen Raum, in dem Begegnungen unter Fremden stattfinden können, die Anderen also wahrgenommen werden, ohne dass es einer näheren sozialen Beziehung bedarf. Der Aufenthalt am selben Ort genügt.

Abgerundet wird die verfassungsgerichtliche Rechtsprechung durch eine Entscheidung aus dem Jahr 2018.[52] Dort wehrte sich ein Fußballfan gegen ein Stadionverbot, das der Deutsche Fußball-Bund gegen ihn verhängt hatte und mit dem ihm für zwei Jahre bundesweit der Zutritt zu Bundesligaspielen verwehrt wurde. Grund dafür war, dass dieser Fan zuvor an gewaltsamen Auseinandersetzungen sogenannter «Ultras» beteiligt gewesen war, bei denen die Anhänger konkurrierender Fußballvereine aneinandergeraten waren. In der Sache unterlag er zwar vor dem Bundesverfassungsgericht, da die Richter diesen Sachverhalt als hinreichenden Grund für ein Stadionverbot erachteten. Gleichzeitig nutzten sie aber die Entscheidung, um zu betonen, dass der Deutsche Fußball-Bund hier nicht völlig frei ist, Personen nach Belieben aus seinen Stadien auszuschließen, sondern in besonderer Weise die Grundrechte der Fußballfans zu beachten hat. Denn sie öffnen ihre Stadien nicht nur einem großen Publikum ohne Ansehen der Person. Für die Betroffenen sind diese Veranstaltungen auch ein ganz wesentlicher Faktor bei der Teilnahme am gesellschaftlichen Leben. Daraus erwachse eine besondere rechtliche Verantwortung. Hier steht also nicht mehr in erster Linie die Kommunikation im Zentrum der Argumentation, sondern das schlichte Beisammensein, das gemeinsame Erleben, das nicht auf einer

festen Gemeinschaft, sondern auf einer eher zufälligen Ansammlung von Menschen beruht, die allein durch ihre Leiden-
schaft für Fußball verbunden sind. Damit rückt das soziale Miteinander unter Fremden in den Kern der Argumentation.

Wo wir uns begegnen: der anthropologische Ort

Diese besondere Aufmerksamkeit, die die einfachen, alltäglichen, niedrigschwelligen Begegnungen in der Rechtsprechung zuletzt erhalten haben, geht letztlich auf sehr elementare
menschliche Bedürfnisse und Bedingungen zurück. Bierdosenflashmobs, Airportshopping und Spiele der Fußballbun-
desliga mögen uns auf den ersten Blick vielleicht als relativ
disparate Phänomene mit begrenzter gesellschaftlicher Relevanz erscheinen. Sie stehen aber exemplarisch für die Vielzahl
von Begegnungen, Kommunikationsbanden und gesellschaftlichen Ereignissen, die soziale Beziehungen herstellen – und
die damit den Grundstoff darstellen, aus dem der Kern jeder
gesellschaftlichen Ordnung besteht.[53] Erst durch die soziale
Interaktion knüpft das Individuum an seine Außenwelt an,
lässt soziales Miteinander entstehen und konstituiert damit auf
sehr elementarer Ebene etwas, das man in anspruchsvollen
Modellen ‹Gesellschaft› nennen kann.

Historisch gesehen haben sich solche sozialen Beziehungen
vor allen Dingen unter Anwesenden entwickelt; Gesellschaft
wurde überhaupt in erster Linie als Anwesenheitsgesellschaft
gedacht und gelebt.[54] In der zwischenmenschlichen Begegnung
lag also der Kern des Sozialen. Zwar mögen sich mittlerweile
die technischen und vor allem medialen Grundbedingungen
der Gesellschaft in vielerlei Hinsicht radikal von einer solchen
Anwesenheitsgesellschaft weg entwickelt haben. Doch auch in

Zeiten von Digitalisierung und Virtualisierung sozialer Lebenswelten bleibt die soziale Interaktion unter Anwesenden nach wie vor essentiell für die soziale Gemeinschaftsbildung.[55] Genau diesen Aspekt hat das Bundesverfassungsgericht letztlich hervorgehoben.

Als besonders maßgeblich für diese sozialen Beziehungen erweisen sich, gerade dort, wo es sich um schwach organisierte, alltägliche soziale Beziehungen handelt, zwei zentrale Faktoren: zum einen der physische Raum als elementarste örtliche Infrastruktur, zum anderen die Körperlichkeit der Individuen, ihre physische Präsenz, mit der sie den Raum einnehmen und in ihm auf eine Weise interagieren, die soziale Beziehungen entstehen lässt. Beide Aspekte finden zusammen in dem vom französischen Ethnologen Marc Augé entwickelten Konzept des anthropologischen Orts, den er idealtypisch neben das übermoderne Phänomen des Nicht-Ortes stellt. In seiner Verwendung des Begriffs bezeichnet der anthropologische Ort einen physischen räumlichen Bereich, der sich durch drei Wesensmerkmale auszeichnet: Er ist identitätsstiftend, relational im Sinne von beziehungsstiftend sowie historisch.[56] Seiner räumlich-physischen Existenz entspricht jeweils eine Gesamtheit von Möglichkeiten, Vorschriften und Verboten, deren Inhalt sowohl räumlich als auch sozial konnotiert ist.[57] Es geht mithin um Orte, die durch überkommene gemeinsame soziale Regeln geprägt und über sie mit Sinn aufgeladen sind.

Dieses Konzept des anthropologischen Ortes findet sich etwa idealtypisch wieder in klassischen Vorstellungen des urbanen Marktplatzes und seiner heutigen Adaptionen. Sowohl der Nibelungenplatz in Passau, der zum Austragungsort des Bierdosenflashmobs wurde, als auch die Empfangshalle des Frankfurter Flughafens, die zum «Erlebnisshopping» einlädt, knüpfen an dieses Konzept an und entwickeln es fort. Solche Orte müssen in einer Gesellschaft allerdings nicht statisch sein. Bestehende Arrangements können sich wandeln, gleichzeitig können andere Orte über neue soziale Regeln mit neuer Bedeutung aufgeladen werden. Eindrucksvoll zeigt sich dies etwa an einem Beispiel aus Frankreich. Die massiven politischen Proteste der «gilets jaunes», der sogenannten Gelbwesten, die Ende des Jahres 2018 und Anfang des Jahres 2019 die französische Republik erschütterten, haben etwa gerade als Gegenmodell zur klassischen französischen Stadttopographie aus Kirche, Rathaus und Marktplatz[58] einen geradezu emblematischen Nicht-Ort in den räumlichen Mittelpunkt ihres Widerstands gestellt: den Kreisverkehr. Eigentlich Symbol der Mobilitätsgesellschaft, wurde er in paradoxer Weise zum Sinnbild des Widerstands umgedeutet, als eigentlich prototypisch lebloser Ort nun umfassend mit Leben, sozialer Interaktion, politischer Inszenierung und neuen sozialen Regeln gefüllt.[59]

Diese anthropologischen Orte stellen in vielerlei Hinsicht den räumlichen Nukleus sozialer Beziehungen bereit. Durch ihre Einbettung in Tradition und soziale Regelhaftigkeit ermöglichen sie alltägliche soziale Interaktionen ohne gefestigte Beziehungsstrukturen und bilden damit eine Grundlage für Gemeinschaftsbildung jenseits verfestigter Organisation. Gleichzeitig relativieren sie in gewissem Umfang die Zumutungen des Einander-Aushalten-Müssens, das uns heute zunehmend schwerfällt. Denn dort, wo einerseits die sozialen Regeln eingeübt und damit die Verhaltenserwartungen klar sind, andererseits aber die dadurch entstehenden sozialen Bindungen in erster Linie lose und flüchtig sind, ist die Relativierung der eigenen Person, die im Umgang mit anderen nötig ist, überschaubar und vorhersehbar. In einer Fußgängerzone, auf einem

Marktplatz, im Fußballstadion oder in einem Café kann ich anderen Menschen begegnen und ihre Anwesenheit wahrnehmen, ohne dass mich die damit verbundenen Verhaltensregeln in meiner Individualität besonders beeinträchtigen würden. Die Anderen dürfen mir nahekommen, gerade weil die sozialen Regeln einen gewissen Abstand garantieren. So wird die Präsenz der Anderen erträglich.

Was uns auseinandertreibt: Kommerzialisierung, Musealisierung, Digitalisierung

Trotz ihrer Verankerung in der Geschichte sind anthropologische Orte als lebende soziale Gebilde kontinuierlichen Wandlungsprozessen unterworfen, entwickeln sich also mit derselben Dynamik wie die Gesellschaft insgesamt. Auch aktuell sind sie tiefgreifenden Veränderungen ausgesetzt, die sie gerade in der Sphäre des Rechts als besonders fragil und schützenswert erscheinen lassen. Änderungen der Orte selbst haben sich dabei insbesondere durch Entwicklungen von Kommerzialisierung und Musealisierung ergeben. Darüber hinaus ändert sich auch die Rolle der physischen anthropologischen Orte durch Aspekte der Digitalisierung des sozialen Lebens, die andere Formen des sozialen Miteinanders hervorbringt.

Dass wirtschaftliche Interaktionen soziale Beziehungen hervorrufen und prägen, ist zunächst alles andere als ein neues Phänomen. Wie gerade das Beispiel des Marktplatzes zeigt, sind soziale Beziehungen und anthropologische Orte immer schon stark von solchen Zusammenhängen geprägt. Neben familiären Strukturen dürfte der wirtschaftliche Austausch sogar eine der zentralen Arenen für soziale Beziehungen sein, und zwar auch maßgeblich auf alltäglicher, wenig organisierter Ebene. Die

Kommerzialisierung anthropologischer Orte, die seit einiger Zeit zu beobachten ist, geht jedoch weit über diese Beobachtung, dass wirtschaftliche Beziehungen einen wesentlichen Teil allgemeiner Sozialbeziehungen bilden, hinaus. Vielmehr geht es um einen Prozess, in dem nicht in diesem klassischen Sinne Wirtschaftsbeziehungen Teil allgemeiner Sozialbeziehungen sind, sondern umgekehrt die sozialen Beziehungen in den Fokus der wirtschaftlichen Aufmerksamkeit rücken und teilweise selbst zum Gegenstand wirtschaftlicher Austauschbeziehungen gemacht und damit ökonomisiert werden.

Gerade das Fallmaterial des Bundesverfassungsgerichts zeigt, wie zentral diese Entwicklung in vielen Lebensbereichen ist. Die Empfangshalle des Frankfurter Flughafens etwa, um deren Nutzung gestritten wurde, ist ein Ort, der als Kommerzort konzipiert wurde. Er nutzt die zwei zentralen Bestandteile jedes sozialen Ortes, den physischen Raum und die durch den Transportzweck erforderliche körperliche Anwesenheit einer überaus pluralen Gruppe von Menschen, als Ressourcen und schafft so Möglichkeiten des Absatzes in einer sozialen Struktur, ohne dass es dafür besonderer vorausliegender sozialer Verflechtungen bedarf. Ganz im Gegenteil: Die sozialen Beziehungen, die durch die Neukonzeption des Ortes entstehen, sind von vornherein Konsumbeziehungen. Sie sind darauf ausgelegt, nur einen kleinen, vor allen Dingen auch konfliktfreien Auszug menschlicher Interaktion entstehen zu lassen. Gerade das Fehlen der klassischen anthropologischen Komponenten, des Identitätsstiftenden, des Relationalen und des Historischen, ermöglicht in gewisser Weise sogar erst die Besetzung als kommerzialisierten Raum.

Eine ähnliche Form der Kommerzialisierung, die gleichwohl deutlich stärker an vorhandene soziale Strukturen anknüpft und diese wirtschaftlich nutzbar macht, zeichnet der Konflikt um den Bierdosenflashmob auf dem Nibelungenplatz nach. Auch er wurde bewusst als Konsumort geschaffen. Gleichzeitig wurde dabei aber, anders als beim Flughafen, ein klassisches anthropologisches Raumkonzept, nämlich der Marktplatz, jedenfalls adaptiert – allerdings zum rein privaten kommerziellen Nutzen.[60] Diese besondere Konstellation reiht sich damit ein in eine längere Entwicklung, in der vor allen Dingen Einkaufszentren nach amerikanischem Vorbild in deutschen Innenstädten versucht haben, das klassische Konzept des Marktplatzes bzw. der Fußgängerzone für sich nutzbar zu machen – auch wenn gerade diese Formen der Konsumkultur seit einigen Jahren ihrerseits nicht zuletzt durch den Online-Handel zunehmend in eine Krise geraten.

Schließlich zeigt der Fall des Stadionverbots für den auffällig gewordenen Fußballfan, dass von dieser Entwicklung der Kommerzialisierung nicht allein klassische Bereiche des Wirtschaftslebens wie Handel und Gastronomie erfasst sind. Gerade mit dem Sport, insbesondere in Gestalt des Profifußballs, hat sich vielmehr ein Bereich kommerzialisiert, der ursprünglich allein im Bereich der sozialen Freizeitgestaltung verankert war und lange Zeit durch klassische ehrenamtliche Vereinsarbeit geprägt wurde, mittlerweile jedoch zu einem Geschäft mit Milliardenumsätzen geworden ist.[61]

Die gesellschaftlichen Konflikte, die durch diese Entwicklung entstehen und sich reformuliert als rechtliche Konflikte vor dem Bundesverfassungsgericht widerspiegeln, lassen sich zusammenfassend als Teilhabekonflikte beschreiben. Wenn um den Zugang zu einer Flughafenhalle oder einem privatisierten öffentlichen Platz zum Zwecke einer Demonstration gestritten wird, dann geht es im Kern genauso um die Teilhabe an räumlich verankerten sozialen Beziehungen, wie dies beim Streit um den Zugang zu einem Fußballspiel der Fall ist. Das Bundesverfassungsgericht erhält hier also die Rolle einer Vermittlungsinstanz für die Frage, inwiefern kommerzialisierte öffentliche Räume im Grundsatz jedem Einzelnen offenstehen müssen bzw. unter welchen Umständen der Betreiber bestimmte Personen oder bestimmte Formen sozialer Beziehungen ausschließen darf. Verhandelt wird dabei vor allem die Frage, inwiefern ein Ausschluss sozialer Beziehungen gerade jenseits des Konsums möglich ist, inwieweit also soziale Räume derart kommerzialisiert werden dürfen, dass eine andere, nicht konsumorientierte soziale Nutzung vollständig verhindert werden darf. Oder, anders formuliert: Dürfen wir uns noch begegnen an Plätzen, die eigentlich dem Konsum gewidmet sind? Wie viel soziale Begegnung jenseits des Konsums muss ausgehalten werden? Der zu lösende Konflikt entsteht hier in erster Linie zwischen den kommerziellen Betreibern und den nicht kommerziellen Nutzern, nicht aber zwischen den verschiedenen Nutzergruppen. Die soziale Nutzung unterscheidet sich hier nämlich für die Beteiligten gerade nicht von anderen Arenen ohne kommerzielle Konzeption, nur der Betreiber selbst möchte mitunter die nicht kommerzielle Nutzung mit ihren möglicherweise nicht konsumfördernden sozialen Regeln ausschalten.

Dieser Entwicklung der Kommerzialisierung steht die Musealisierung sozialer Beziehungen gegenüber, die teilweise als gegenläufige Entwicklung begriffen werden kann, tatsächlich aber auf komplexere Weise mit ihr verschränkt ist. In der Sache wird hiermit eine besondere Form der Vergangenheitsbezogenheit bezeichnet, durch welche die musealisierten Objekte oder Praktiken und damit auch die mit ihnen verbundenen Orte einem Bedeutungswandel unterzogen werden. Sie verlieren ihre Verankerung im sozialen Alltag, ihren primären Sozialzusammenhang und damit auch ihre ursprüngliche Symbolbedeutung.[62] Stattdessen werden sie als Erinnerungs- und Bedeutungsträger neu kodiert. Musealisierung stellt sich so in gewisser Weise als ein «Aus-der-Welt-Bringen» dar,[63] indem Objekte oder auch kulturelle Praktiken ihrer ‹weltlichen›, d.h. im ursprünglichen sozialen Kontext stehenden, Funktion beraubt werden.[64]

Die Bedeutung dieser Entwicklung für wenig organisierte soziale Beziehungen im öffentlichen Raum ist nicht in gleicher Weise evident wie diejenige der Kommerzialisierung, und doch nicht weniger existent. Sie lässt sich vor allen Dingen beobachten als zunehmende Umwandlung von klassischen Innenstadtbereichen, also Prototypen des anthropologischen Ortes, in Bühnen für eine sehr spezifische Form der Eventisierung. In extremer Weise zeigte sich dies etwa im Bereich des sogenannten «overtourism», d.h. der starken touristischen Übernutzung vor allem historischer Innenstädte, bei der die Anzahl touristischer Besucher zur Einwohnerzahl derart außer Verhältnis gerät, dass die Stadtnutzung für die alltäglichen Zwecke des Wohnens und Arbeitens zunehmend schwierig und beschwerlich wird.[65] Von Tagestouristen hinterlassene Müllberge, lautstarke nächtliche Feiern im Freien, steigende Mieten aufgrund der Verdrängung durch Ferienapartments, aber auch die Missachtung anderer alltäglicher sozialer Regeln durch die Besucher, wie z.B. die angemessene Kleidung in Restaurants oder Kirchen, sind nur einige der wahrgenommenen Probleme, die auf dieser Ebene entstehen. Städte wie Venedig und Barcelona sind zu geradezu emblematischen Orten geworden, an denen sich die ganze soziale Sprengkraft dieser Entwicklung zeigt. In besonders eklatanter Weise betroffen ist aber etwa auch das oberösterreichische Städtchen Hallstatt, das bei einer Einwohnerzahl von unter 800 Personen jährlich einen Besucherzustrom von fast einer Million vor allem chinesischer Touristen verzeichnet.[66]

Dabei beruht das Phänomen allerdings darauf, dass die touristische Attraktivität an die ursprüngliche alltägliche Stadtnutzung anknüpft. Gerade das Zusammenspiel aus räumlicher Gestaltung und sozialer Nutzung ist es, das die betroffenen Reiseziele als so beliebt erscheinen lässt. Genau dadurch tritt aber wiederum ein Effekt der Musealisierung ein: Die gewöhnliche soziale Stadtnutzung, die beiläufige Begegnung der Bewohner (und Besucher), wird zur touristischen Kulisse umfunktioniert, die Alltäglichkeit des sozialen Raums zum besonderen Erinnerungs- und Bedeutungsort umkodiert.

Anders als für den Bereich der Kommerzialisierung liegen die gesellschaftlichen Konflikte, die hierdurch entstehen, allerdings nicht in erster Linie in Fragen der (verwehrten) Teilhabe begründet. Maßgeblich sind vielmehr zum einen die Einhaltung bestimmter sozialer Regeln – nämlich derjenigen Regeln, die mit der alltäglichen Nutzung korrespondieren – und zum anderen gerade umgekehrt zu den Fragen der Teilhabe die mögliche Begrenzung bestimmter musealisierender Nutzungsformen. Letztlich geht es damit um die Frage, ob und in welchem Ausmaß der Andere ausgehalten werden soll und muss, wenn er oder sie die sozialen Regeln des anthropologischen Ortes missachtet und seine soziale Bedeutung verändert. Denn durch die Musealisierung des öffentlichen Raums hält auf einmal die alltägliche Begegnung, die sonst gerade ohne größere Relativierung der eigenen Person ausgehalten werden kann, wieder größere Zumutungen bereit, da unterschiedliche soziale Regeln, unterschiedliche Bedürfnisse und unterschiedliche Vorstellungen aufeinanderprallen und miteinander in Konflikt geraten.

An diese Entwicklung, die sich auf Begegnungen im physischen Raum und die daraus entstehenden Konflikte bezieht, schließt sich eine zweite gesellschaftliche Veränderungsebene an: die soziale Interaktion im digitalen Raum und die mit ihr verbundenen sozialen Konflikte. Die damit zusammenhängenden Phänomene greifen einerseits wesentliche Tendenzen auf, die sich für den physischen Raum beobachten lassen, stehen gleichzeitig aber auch quer zu ihnen, weil gerade die zwei als grundlegend beschriebenen Kategorien von Körperlichkeit und Räumlichkeit für diese Form des sozialen Austausches fehlen.

Insbesondere durch die Kommunikation in den sogenannten sozialen Netzwerken sind Formen sozialer Interaktion entstanden, die mit den beschriebenen Phänomenen im physischen Raum zwar ihre Flüchtigkeit und geringe Organisationskraft teilen, sich im Übrigen aber zentral von ihnen unterscheiden.[67] Dadurch, dass die sozialen Beziehungen vollständig auf Text- und Bildkommunikation reduziert werden, verschwinden sowohl Körperlichkeit als auch Räumlichkeit als Faktoren, die die Interaktion bestimmen könnten. Das Verhalten wird nicht mehr durch das räumliche Setting vorbestimmt. Es ist vielmehr, da es nunmehr ortsunabhängig ist, nicht mehr zu einem Ort passend oder unpassend, sondern sozial erwünscht oder unerwünscht. Verhaltensdeterminierende Umwelten verlieren damit jede Bedeutung.[68] Im Ergebnis werden die sozialen Beziehungen daher auf relativ einfache, stark individualisierte Strukturen beschränkt. Eine anthropologische Komponente der sozialen Interaktion fehlt im Wesentlichen, insbesondere im Hinblick darauf, dass konsentierte soziale Regeln nicht existieren. Die soziale Erwünschtheit oder Unerwünschtheit des Verhaltens wird daher immer erst im Einzelfall herausgebildet und durchgesetzt.

Bei allen Unterschieden dieser Form von Interaktion zu der Begegnung im physischen Raum, im «echten Leben», lässt sich doch auch eine Parallele herausarbeiten. Denn die Möglichkeiten der räumlich und körperlich nicht gebundenen Kommunikation im virtuellen Raum treiben in gewisser Weise die beschriebenen Entwicklungen der Kommerzialisierung und Musealisierung sozialer Beziehungen ins Extreme. Die Besonderheit besteht hier insofern darin, dass die sozialen Netzwerke überhaupt erst den Rahmen schaffen, in dem sich eine sehr spezielle Form sozialer Beziehungen entwickeln kann, um dann genau aus diesen sozialen Beziehungen ein kommerziell verwertbares Gut zu machen. Das kommerzielle Modell zeichnet sich also dadurch aus, dass hier der soziale Raum nicht lediglich dazu genutzt wird, um eine konsumanregende Atmosphäre zu generieren. Vielmehr wird durch die Kreation der neuen, virtuellen sozialen Beziehungen überhaupt erst der Rohstoff geschaffen, der den Kern des Geschäftsmodells ausmacht: die personenbezogenen Daten. Der kommerzielle Effekt ist für den Nutzer daher gerade nicht auf den ersten Blick erkennbar, da die eigentliche Dienstleistung – die Bereitstellung des virtuellen sozialen Raums – unentgeltlich erfolgt und auch nicht unmittelbar mit kommerziellen Dienstleistungen verknüpft wird. Gleichzeitig ist es für dieses Modell essentiell, dass soziale Beziehungen entstehen, die in dem bereitgestellten virtuellen Raum personenbezogene Daten erzeugen. Nur darauf basiert überhaupt der wirtschaftliche Nutzen für den Betreiber.

Da die Nutzung des virtuellen Raums mangels einer physisch knappen Ressource in aller Regel gerade keinem Knappheitsphänomen unterliegt, drehen sich die Konflikte, die hier entstehen, in erster Linie nicht, wie im physischen Raum, um Zugang und Teilhabe. Vielmehr entstehen gesellschaftliche Konfliktsituationen hier primär dadurch, dass durch die fehlende räumliche und soziale Einbettung der Kommunikation die sozialen Regeln des physischen Raums nur sehr unvollständig Anwendung finden. Diese fehlende Möglichkeit, auf eingeübte soziale Regeln zurückzugreifen, führt den Einzelnen sehr stark auf sich zurück und verleitet dazu, die eigene Person zu überhöhen. Gerade deshalb verstärken sich hier die Tendenzen, soziale Rücksichtnahmen über Bord zu werfen und als unangenehm empfundenes Verhalten auszusortieren statt auszuhalten, indem die entsprechenden Inhalte weggeklickt und ihre Urheber blockiert werden. Erst in einem zweiten Schritt schließen sich daran auch Teilhabekonflikte an, wenn nämlich die Betreiber sozialer Netzwerke unerwünschte Äußerungen in ihrem virtuellen Raum löschen oder sogar für einzelne Akteure ganz den Zugang sperren.

Bei allen Unterschieden im Einzelfall zeigt sich doch damit für den virtuellen Raum eine Parallele zu den mit der Musealisierung verbundenen Problemen im physischen Raum: Durch die Loslösung der sozialen Interaktionen aus ihrem anthropologisch eingeübten Kontext wird die Einhaltung der in anderen Zusammenhängen konsentierten sozialen Regeln als zunehmend prekär erlebt. Das macht die Begegnung untereinander weniger selbstverständlich, ihre Zumutungen werden schwieriger auszuhalten. Auf paradoxe Weise kann uns also ein Mehr an Kontakten – seien sie digitaler Art, seien sie physischer Art – auch auseinandertreiben.

III.

Ich und Ihr. Parameter
demokratischer Gemeinschaft

Die Tatsache, dass die Gemeinsamkeit in gleicher Weise Zumutung wie Versprechen in der Demokratie ist, zeigt das komplexe Verhältnis an, in dem Individuum und Gemeinschaft seit jeher stehen – nicht nur, aber eben auch in der Demokratie. Die Krise der demokratischen Gemeinschaft lässt sich daher nur begreifen, wenn man nicht nur das Kollektiv, sondern auch die Einzelnen in den Blick nimmt, das Ich und das Wir, oder eben auch das Ich und das Ihr, die in einer schwierigen, wechselvollen Beziehung zueinander stehen. Die abnehmende Bereitschaft, den Anderen auszuhalten, zeigt dabei eine schleichende Bedeutungsverschiebung in der gesellschaftlichen Wahrnehmung dieser Pole an. Selbstentfaltung und Selbstdarstellung gewinnen in der spätmodernen Gesellschaft zunehmend an Bedeutung, Konformität und soziale Anpassung verlieren parallel dazu ihre Leitbildfunktion und werden immer stärker negativ konnotiert. Der Begriff der Freiheit innerhalb der Gesellschaft, der auch Grundlage eines demokratischen Freiheitsbegriffes ist, löst sich an vielen Stellen aus seiner sozialen Einbettung und wird daher mitunter als Grundlage der Gemeinsamkeit prekär. Auf demokratisch-politischer Ebene zeigt sich diese Entwicklung besonders deutlich in der nationalen wie internationalen Stärkung populistischer Strömungen, in denen sich das Wir zunehmend auflöst in einer strikten Dichotomie zwischen Ich und Ihr.

Die Entfaltung des Ich und seine Darstellung
im Ihr

In der Spätmoderne, wie unsere gegenwärtige Epoche gern genannt wird, ist das Individuum nicht nur immer weniger bereit, den Anderen mit all seinen abweichenden Ansichten, Verhaltensstandards und Ideen auszuhalten. Er oder sie muss sein eigenes Verhalten auch immer weniger an solchen sozialen Zwängen ausrichten, die noch im 20. Jahrhundert das alltägliche Leben auf intensivste Weise geprägt haben. Damit entstehen für ein bestimmtes soziokulturelles Milieu ganz erhebliche geistige Freiräume, die nun in besonderer Weise dafür genutzt werden, sich mit sich selbst, der eigenen Situation und den eigenen Befindlichkeiten auseinandersetzen – auf emotionaler[1] und auf psychologischer Ebene.[2] Die Idee der Selbstentfaltung, die aus dieser Selbstbeschäftigung resultiert, bleibt allerdings nicht auf die subjektive Ebene des Ich beschränkt, sondern sucht über das Mittel der Selbstdarstellung unmittelbar wieder einen sozialen Bezug.

Selbstentfaltung

In unserer Gegenwart, in der soziale Zwänge schwinden und der Beschäftigung mit der eigenen Person ein historisch vermutlich einzigartiger Raum zugebilligt wird, sind Selbstentfaltung und Selbstoptimierung zum gesellschaftlichen Leitbild und zum Mittelpunkt individueller Sinnwelten geworden.[3] Die Arbeit an sich selbst, mit der das Ich optimiert werden soll, steht dabei unter der normativen Erwartung der Individualität. Der aufgeklärte spätmodernde Mensch, dem die wirtschaftlichen, zeitlichen und kulturellen Ressourcen zur Verfügung stehen, um dieses Erwartungsmuster für sich überhaupt als relevant einordnen zu können, soll nicht nur fitter, gesünder, gebildeter, achtsamer und ausgeglichener in seinem oder ihrem Leben sein. Er oder sie soll dabei auch gerade die eigene Persönlichkeit zur bestmöglichen Entfaltung bringen, also die Selbstoptimierung in den Dienst der Individualität stellen.

Objekte und Verhaltensweisen, die ansonsten eher der Befriedigung elementarer Bedürfnisse oder aber der Einordnung in gesellschaftliche Erwartungen dienen, werden auf diese Weise zu besonderen Markern, mit denen sich das Individuum von anderen absetzen kann. Anders als es in bürgerlichen Schichten sehr lange Zeit der Fall war, wird Konformität so von der sozialen Norm zum kulturellen Schreckensbild. Nicht die Anpassung an die herrschenden Standards in Mode, Bildung, Beruf, Ernährung, Familie und Freizeit erscheint erstrebenswert, sondern umgekehrt die maximale Verwirklichung der eigenen Person durch Individualität in all diesen Bereichen.

Als Form des Protestes ist diese Form der Abkehr vom (bürgerlichen) Mainstream keineswegs neu und vor allem bei Jugendlichen seit langem bekannt.[4] Allerdings steht diese ältere Form der Abkehr von der bürgerlichen Konformität meist in einem Zusammenhang, in dem es nicht um maximale Individualität geht, sondern um die Suche nach Identität durch Einordnung in eine andere Gruppe, die sich eben von der Herkunftsgruppe – vor allen Dingen der bürgerlichen Kleinfamilie – unterscheidet. Der Teenager der 1980er Jahre, der sich zum Schrecken seiner Mittelschichteltern der Punkszene anschloss, seine Jeans zerriss und seinen grün gefärbten Irokesenschnitt nach oben gelte, wollte sich ohne Zweifel äußerlich wie innerlich maximal von den Konformitätserwartungen seiner Familie befreien. Als Mittel der Loslösung wählte er dabei aber gerade nicht eine größtmögliche Individualisierung oder gar den Versuch der Selbstoptimierung. Vielmehr stand hier die Einordnung in eine andere Gruppe mit eigenen ästhetischen und sozialen Standards im Vordergrund, sodass vor allen Dingen divergierende Modelle kollektiver Identitäten in Konflikt miteinander gerieten.

Als erwachsenes, dezidiert nicht widerständiges Projekt hat die gegenwärtige Form der Selbstentfaltung eine deutlich andere Bedeutung. Das liegt vor allen Dingen daran, dass sie sich in gewisser Weise gerade von stereotypen kollektiven Identitätsmustern befreien will und an ihre Stelle in starkem Maße eine individuelle Optimierungsideologie setzt. Nur das Singuläre, das Einzigartige zählt, nicht das Standardisierte oder Massenhafte, das als unauthentisch erlebt und gebrandmarkt wird. Dabei fällt freilich auf, dass diese Zielrichtung in gewisser Weise paradox erscheint. Denn ohne Zweifel stecken letztlich auch in dieser Ideologie der Individualisierung ein kollektives Identitätsmuster und ein nicht unerheblicher Konformitätsdruck ganz eigener Art, die sich nur auf eine andere

Form von Konformität und eine andere Form von Druck beziehen.

Diese Paradoxie ist somit Ausdruck einer komplexen Struktur, in der zwei im Grunde gegensätzliche kulturelle Muster miteinander kombiniert werden: Denn im gegenwärtigen Modell von Selbstentfaltung und Selbstoptimierung geht es gerade nicht nur darum, sich nach seinen Wünschen und Möglichkeiten bestmöglich zu entfalten, sondern auch darum, einen hohen sozialen Status zu erreichen.[5] Die Entfaltung der Individualität stellt hier also keinen reinen Selbstzweck dar, sondern ist aufs Engste verbunden mit dem Streben nach sozialem Erfolg. In der Gesellschaft der Selbstoptimierer stellt sich dieser soziale Erfolg dadurch ein, dass die eigene Individualität und Selbstentfaltung zum Gegenstand der Bewunderung und Anerkennung werden. Dies kann allerdings nur dadurch gelingen, dass das bessere, das optimierte und entfaltete Selbst nach außen getragen wird. Die Selbstdarstellung ist somit das entscheidende Mittel, über das sich die scheinbar widersprechenden Ziele wieder verbinden lassen.

Selbstdarstellung

Nun ist menschliches Miteinander ohne eine Form der Selbstdarstellung schlicht nicht denkbar. Wir alle spielen eine Rolle, wenn wir uns in Begegnung und Beziehung zu anderen Menschen setzen, und stellen uns in einer bestimmten Weise dar – vielleicht nicht immer besonders gekonnt, aber nichtsdestoweniger in irgendeiner und sei es noch so defizitären Weise in Szene gesetzt.[6] Gleichwohl ist durch die sozialen Medien in den letzten Jahren eine digitale Bühne für die Selbstdarstellung entstanden, die in dieser Form historisch neu ist. So viel Inszenierung, so viele Fotos, Videos, Sinnsprüche und mehr oder weniger lustige Anekdoten des eigenen Lebens von und für jedermann gab es tatsächlich noch nie.

Dieser gegenwärtige Boom kann dabei anknüpfen an eine vorhergehende Entwicklung, die eng mit der beschriebenen Entwicklung der Ökonomisierung verbunden ist: der immer stärker werdenden Dominanz der Konsumkultur. Auch die Konsumkultur und die auf ihr aufbauende Konsumgesellschaft sind in ganz erheblichem Ausmaß auf Selbstdarstellung ausgelegt. Denn in ihr lösen sich die Produkte gerade von ihrer reinen Gebrauchsfunktion und werden in ganz erheblichem Maße zu Objekten, die nicht nur nach innen gerichtet emotionale Bedürfnisse befriedigen, sondern auch der Außendarstellung der eigenen Person dienen sollen.[7] Gerade darauf beruht das ökonomische Erfolgskonzept, das Menschen dazu bringt, in großem Umfang Dinge zu erwerben, die sie nach rein funktional-rationalistischen Maßstäben nicht notwendig «brauchen».

Die digitale Form der Selbstdarstellung, die an diese Entwicklung anknüpft, zeichnet sich gegenüber ihren analogen Vorgängern durch zwei Neuartigkeiten aus. Dies ist zum einen relativ offensichtlich die Möglichkeit von Zugang und Reichweite. Ein Account in den sozialen Medien lässt sich zunächst einmal ohne jegliche soziale Zugangsschranken anlegen und betreiben. Auch in monetärer Hinsicht ist der Zugang in aller Regel kostenlos – man bezahlt mit seinen persönlichen Daten, die vielen deshalb nichts wert erscheinen, weil sie jedenfalls keinem Knappheitsphänomen unterliegen. Daher weisen diese Medien auf den ersten Blick gewisse Ähnlichkeiten zu den dargestellten anthropologischen Orten auf, zur Flaniermeile der guten alten europäischen Stadt, zum sonntagvormittäglichen Kirchplatz einer süditalienischen Gemeinde oder auch zum etwas weniger einladenden Bahnhofsvorplatz einer deutschen Großstadt, um noch einmal das Bild des in die Punkszene eingetauchten Teenagers zu bemühen. An einem wesentlichen Punkt unterscheiden sich diese beiden Arenen dann aber auch gleich wieder: Denn während der klassische anthropologische Ort durch seine räumlich-gegenständliche Dimension von vornherein in seiner Reichweite begrenzt ist, erscheint der kommunikative Radius im digitalen Raum fast unbegrenzt. Allein die Aufmerksamkeit der Adressaten scheint hier der Darstellung der eigenen Person faktische Grenzen zu setzen.[8]

Die andere Neuartigkeit, die die Inszenierung in den sozialen Medien von den älteren, analogen Formen der Selbstdarstellung unterscheidet, ist ihre – dem Digitalen ohnehin eigene – Entkoppelung von sozialen Beziehungen. Dieser Aspekt hängt in gewisser Weise mit der fehlenden räumlichen Einhegung zusammen. Denn ohne die direkte körperliche Konfrontation, ohne die Notwendigkeit, die Präsenz des Anderen für die eigene Inszenierung zwingend aushalten zu müssen, existieren auch keine verbindlichen sozialen Regeln, deren Beachtung unabdingbare Voraussetzung für die Selbstdarstellung wäre. Vielmehr sind die Regeln hier stets verhandelbar. Das bringt eine große Vielzahl sozial wenig verbindlicher Verhaltensstandards und -kodizes hervor, die jederzeit umgangen, gebrochen oder neu verhandelt werden können. Mitunter führt dies dazu, dass der Ton in den sozialen Netzwerken deutlich rauer, verletzender, beleidigender und aggressiver ist als in der Kommunikation im analogen Raum. Aber auch dafür gibt es in den neuen Medien Lösungsstrategien. Wer sich zu sehr danebenbenimmt, wird geblockt, schon ist man von den Zumutungen des Anderen befreit.

Diese soziale Entkoppelung lässt maximalen Raum für die

Darstellung der eigenen Person. Wie kaum etwas anderes ist das Selfie zum Emblem dieses Freiraums geworden. Kaum ein anderes Motiv ist in den sozialen Netzwerken derart präsent wie das eigene Gesicht, aufgenommen mit dem Smartphone, nach Möglichkeit inszeniert an einem besonderen Ort. Das Selfie ermöglicht es dem Nutzer von sozialen Netzwerken, eine Rolle für sich zu wählen und bildlich in Szene zu setzen. Er oder sie kann sich der Öffentlichkeit präsentieren und muss dafür noch nicht einmal den schützenden Raum des Privaten verlassen.[9] Damit wird es möglich, sich einer neuen Form der Öffentlichkeit zu präsentieren, ohne durch die Grenzen eines realen sozialen Umfelds eingeschränkt zu sein.[10]

In besonderer Weise kann hier also das Ziel der Einzigartigkeit ausgelebt werden – jedenfalls in seiner nach außen getragenen Form. Konsequenterweise wird das Konzept Selfie dann auch auf andere Bereiche erweitert, mit denen sich das aufgeklärte spätmoderne Individuum von seinen oder ihren Mitmenschen distinguiert: Insbesondere das Teilen von «Food-Selfies», von Fotos des eigenen Essens, wird in den sozialen Medien zwar vielfach belächelt oder entnervt kritisiert, aber nichtsdestotrotz genauso vehement praktiziert. Ein klassischer Bereich, in dem Exklusivität und Individualität zelebriert werden, um Distinktion herzustellen, wird auf diese Weise verbildlicht ins Zentrum digitaler Selbstdarstellung gerückt. Dabei sind gerade diese Bilder ein anschauliches Beispiel dafür, wie durch die Inszenierung im digitalen Raum soziale Bedeutungsräume der analogen Welt beeinträchtigt werden können. Denn das gemeinsame Essen ist ein sozial hochgradig aufgeladener und von einem engen Netz an Bedeutungen und Konventionen geprägter Prozess. Die Unterbrechung der gemeinsamen Mahlzeit, um das Essen im Bild zu dokumentieren und in den sozialen Netzwerken zu posten, greift in diesen Vorgang ein und nimmt ihm seine Exklusivität, die vor allen Dingen darin begründet ist, dass er die volle Aufmerksamkeit der Anwesenden erfordert.

Wenn diese Form digitaler Selbstdarstellung aber – sowohl in der analogen Herstellung als auch in der digitalen Verbreitung – derart wenig auf soziale Interaktion ausgelegt ist, stellt sich die Frage, woraus ihre Attraktivität für die Adressaten resultiert. Dass der sich selbst in Szene Setzende das Schwelgen im gut ausgeleuchteten, mit fotografischen Filtern und neckischen Kommentaren versehenen eigenen Leben genießt, mag insofern nicht allzu sehr überraschen. Unterstützt wird dieses positive Erleben durch die Belohnungsmechanismen im Gehirn, die freigesetzt werden, sobald er für seine Inszenierung in den Netzwerken die berüchtigten «Likes» erhält, die digitale Form der Zustimmung, die in mancherlei Hinsicht zur zentralen Währung in den sozialen Medien geworden ist.[11] Was aber macht die Attraktivität dieser Selbstinszenierung aus der Zuschauerperspektive aus?

Aus der Perspektive der Konsumenten, oder auch: Follower, liegt der Reiz dieser fremden Selbstdarstellung letzten Endes darin, dass das andere Leben als Vergleichsfolie für das eigene Dasein dient. Dieser Vergleich kann immer auch aus einer negativen Abgrenzung heraus attraktiv erscheinen, wenn es darum geht, sich über andere Menschen und ihre Form der vermeintlichen Selbstoptimierung zu erheben. In erster Linie aber ist die Inszenierung doch als positiver Vergleichsmaßstab konzipiert, der darauf ausgelegt ist, wiederum Verbesserungspotentiale des eigenen Lebens auszuloten. So geschmackvoll, so lustig, so abenteuerlich, so aufregend oder auch genussvoll wie in den Inszenierungen der Anderen soll am besten auch das eigene Leben sein – und wenn es das noch nicht ist, ist es höchste Zeit, an der Selbstoptimierung zu arbeiten. Genau hier setzt ja auch die ökonomische Strategie an, die die sozialen Medien aus wirtschaftlicher Sicht attraktiv macht und so nicht nur den Zugang zu ihnen kostenfrei halten, sondern auch einen kleinen Teil der Nutzer und ihre Inhalte auf sehr auskömmliche Weise alimentieren kann.

Dieser Effekt fängt bei den erwähnten Food-Selfies an: Versehen mit einer Markierung, die offenlegt, wo man das abgebildete Essen konsumieren kann, ist ein solches Bild für den Gastronomen als Werbung unbezahlbar – und gleichzeitig auch unbezahlt. Ihre Wirkung ist dabei deswegen so besonders wertvoll, weil sie gerade nicht in der Form der Werbung daherkommt, sondern vielmehr als Abbild authentischen Erlebens wirkt. Im Marketing ist das der Goldstandard. Genau diese inszenierte Authentizität ist auch das wirtschaftliche Geheimnis der sogenannten Influencer-Welt. Sie beruht darauf, dass Einzelpersonen durch geschicktes Knüpfen digitaler Verbindungen eine möglichst große Anzahl von «Followern» an sich binden, die dann auf ihren sozialen Medienkanälen die von ihnen generierten Inhalte konsumieren und im besten Fall auch kommentieren und weiterverbreiten. Diese Inhalte sind größtenteils überaus alltäglich, um nicht zu sagen: banal. Es geht um Fitnessübungen, um Schmink- und Modetipps oder darum, andere dabei zu beobachten, wie sie Videospiele spielen. Einer der zurzeit erfolgreichsten deutschen YouTube-Kanäle besteht ausschließlich aus Videos, in denen Speiseeis hergestellt wird.[12]

Ein großer Teil des Erfolgsgeheimnisses dieser Medien liegt darin, dass sie letztlich Sozialbeziehungen imitieren.[13] Gerade in der Banalität der Inhalte und der scheinbaren Einbettung ins Private liegt somit ihre Besonderheit: Die Schmink- und Modetipps werden so inszeniert, wie auch eine gute Freundin sie geben würde. Der Zeitvertreib, jemand anderem beim Spielen von Videospielen zuzuschauen, imitiert eine vertraute Situation im Kinder- oder Jugendzimmer. Über die digitalen Medien wird daher an bekannte Muster sozialer Interaktion angeknüpft, das Gefühl von Vertrautheit und sozialer Einbettung soll zumindest rudimentär anklingen. Die dadurch imitierten Sozialbeziehungen beruhen allerdings nicht auf einem echten Austausch, auch wenn die Möglichkeit der Rückkopplung über die Kommentarfunktion in den sozialen Medien existiert. Sie sind nicht durch starre Regeln gekennzeichnet, deren Nichtbefolgung sozial sanktioniert würde. Es gibt weder relevante Zugangs- noch Ausstiegshürden. Dadurch werden die sozialen Kosten auf ein Minimum reduziert.

In einer Welt, in der man den Anderen immer weniger aushält, liegt damit jedenfalls eine verbreitete Strategie des Umgangs darin, echte Sozialbeziehungen mit all ihren Zumutungen zu reduzieren und an ihre Stelle digitale Imitate solcher Verbindungen zu setzen. Die fehlende räumliche und körperliche Präsenz sorgt dafür, dass diese Beziehungen deutlich weniger regelgeleitet, deutlich weniger kompromisshaft und deutlich weniger unentrinnbar sind. Wem der Inhalt nicht gefällt, der schaltet ab, wer sich nicht den Vorstellungen entsprechend verhält, wird ausgeschlossen. Das macht die Kommunikation nicht per se weniger konfrontativ, aber die Konfrontation auf einfache Weise wieder auflösbar.

Fremddarstellung als Selbstdarstellung

Die Selbstdarstellung in den sozialen Medien ist allerdings nicht auf diese Form der positiven Präsentation und affirmativen Rezeption beschränkt. Nicht jeder hat eine besondere Freude daran, sich selbst mit hübschen Bildern zu inszenieren oder anhand der hübschen Bilder anderer von einem noch besseren Leben zu träumen. Mancher stellt sich lieber selbst dar, indem er sich auf negative Weise von anderem und anderen abgrenzt, indem er oder sie lieber abwertet, abgrenzt oder sogar verächtlich macht. Auch das ist beileibe keine neue Form der Identitätsfindung. Abgrenzung gehört naturgemäß zur Definition der eigenen Identität. Und von dort war es immer schon nicht sehr weit zu Ausgrenzung und Abwertung. Auch diese Form der Auseinandersetzung hat jedoch durch die sozialen Netzwerke eine quantitativ wie auch qualitativ neue Dimension erreicht. Denn in gleichem Maße wie sich in der digitalen Welt die Zumutungen der sozialen Interaktionen reduzieren, scheint sich genau dort das Empörungsniveau über alles und jeden zu steigern.[14]

Diese Beobachtung gilt auch und gerade für die politische Kommunikation, d. h. für das, was wir im Allgemeinen demokratische Meinungsbildung nennen. Besonders deutlich kann dies am Bundestagswahlkampf des Jahres 2021 beobachtet werden. Denn in den sozialen Medien war die Debatte zu einem sehr großen Teil allein von negativen Diskussionen über die Kandidatinnen und Kandidaten (und erst weit dahinter über Programme und Inhalte) geprägt. Armin Laschet etwa, der im Laufe des Wahlkampfs dramatisch an Zustimmung verlor, war in ganz besonderer Weise Angriffen ausgesetzt, die immer weiter zunahmen, je stärker seine Beliebtheitswerte sanken. Als besonders wirkmächtig erwies sich dabei die Kritik an seinem Verhalten während einer Rede des Bundespräsidenten Frank-Walter Steinmeier, mit der er der Opfer der Flutkatastrophe dieses Wahlkampfsommers gedachte. Laschet stand bei der Rede deutlich von Steinmeier entfernt und folgte den Ausführungen offensichtlich nicht. Stattdessen führte er mit den Personen in seinem Umfeld ein Gespräch mit vermutlich amüsantem Inhalt. Denn weit im Hintergrund der Fernsehbilder, die die Rede des Bundespräsidenten festhielten, konnte man bei genauer Betrachtung erspähen, wie der Kanzlerkandidat der Union ein feixendes Grinsen aufsetzte. Kein Fernsehjournalist nahm zunächst Notiz von dieser Szene, bei der die Aufmerksamkeit doch auf der Rede Steinmeiers lag. Erst in den sozialen Medien, in denen die entsprechenden Bilder nicht nur mit mehr Muße und zeitlichem Abstand, sondern auch mit erheblicher Bildvergrößerung bearbeitet werden konnten, wurde die Szene aufgegriffen, verbreitet und mit heftigen, zum Teil sehr persönlichen Angriffen auf Laschet kommentiert.[15] Anschließend wurde das Thema dann von den traditionellen Medien aufgegriffen und erreichte damit den nicht unerheblichen Teil der Bevölkerung, der nicht in den sozialen Medien präsent ist. Dabei waren solche Auseinandersetzungen keineswegs auf ein bestimmtes politisches Lager beschränkt. Ähnliche, vielleicht nur weniger wirkmächtige Angriffe trafen andere Kandidatinnen und Kandidaten in gleicher Weise. Und auch die eher inhaltlichen Empörungswellen trafen politisch links wie politisch rechts besetzte Themen in ganz ähnlicher Form. Die Entrüstung über Gendersternchen und Lastenfahrräder unterschied sich in ihrer Heftigkeit insofern wenig von derjenigen über sexistische und rassistische Sprache von Politikerinnen und Politikern.

Gerade diese letztgenannten inhaltlichen Beispiele zeigen dabei, wie intensiv sich zum Teil die Kommunikationsmuster in den sozialen Netzwerken zwischen politischem und nicht politischem Inhalt überschneiden, wie sehr es also in der politischen Kommunikation oft weniger um eine Auseinandersetzung um bestimmte Gemeinwohlbelange als um die Frage nach der Vergleichsfolie für das eigene Leben geht. Das Lastenfahrrad etwa und die Forderung nach seiner verstärkten Förderung stehen dann nicht mehr für eine bestimmte politische Vorstellung von Verkehrsgestaltung, sondern vielmehr für ein individuelles Lebensmodell, das man entweder teilt oder aber mit großem Eifer ablehnt.[16] Auch hier geht es also in erster Linie um die Vergleichsfolie für das eigene Leben, die die sozialen Medien ja auch in anderen Bereichen bereithalten. Der politische Diskurs wird damit radikal auf eine persönliche Frage des individuellen Lebensstils reduziert und privatisiert. Dies mag auch in Teilen die Heftigkeit der persönlichen Angriffe erklären, denen (auch) Politikerinnen und Politiker heute in den sozialen Medien ausgesetzt sind. In einer radikal personalisierten Kommunikationsumgebung, in der es gleichzeitig an verbindlichen sozialen Standards fehlt, werden Politiker und Politikerinnen in gleicher Weise wie Influencer und Influencerinnen in maximaler Distanzlosigkeit kritisiert, aber auch beleidigt und bedroht.[17] Die politische Technik, öffentliche Demütigung als Mittel zur Ausübung von Macht zu nutzen,[18] wird hier auf das Individuum heruntergebrochen und vermag es so, dem Einzelnen ein schales und aggressives Gefühl von Wirksamkeit und Bedeutsamkeit zu vermitteln.

Meine Freiheit, Deine Freiheit, unsere Freiheit

Diese Form von Entfaltung und Darstellung des Selbst ist als handlungsleitendes Motiv in erster Linie nach außen gerichtet. Als Strategie zur Beschäftigung mit dem eigenen Selbst wird sie ergänzt durch eine ideelle, nach innen gerichtete Seite des Umgangs mit dem Ich, in der spiegelbildlich ein eigenwilliges inneres Verständnis von Freiheit an Bedeutung gewinnt. Nun ist die individuelle Freiheit ein grundlegendes Versprechen unseres demokratischen Verfassungsstaats. Es zielt auf die grundsätzliche Freiheit von staatlicher Beeinträchtigung ab – grundsätzlich dabei in dem Sinne, dass Beeinträchtigungen möglich sind, sich aber durch ein gewichtiges Allgemeinwohlziel rechtfertigen lassen müssen. Das Freiheitsversprechen ist also vor allem ein Versprechen des freien Handelns, das erst in der Freiheit der Anderen seine Grenze findet.

Dieses Freiheitsversprechen wird im gegenwärtigen Diskurs – und wohl auch in der gegenwärtigen Befindlichkeit – mitunter in einer Art und Weise umgedeutet, die es aus seinem sozialen Kontext löst. Die Freiheit des Einzelnen (oder, genauer gesagt, der eigenen Person) wird verabsolutiert und in einem weiten Sinne mit dem eigenen Interesse gleichgesetzt, das nun als universeller Wert zu respektieren sein soll. Auf diese Weise wird die Begrenzung der eigenen Freiheit durch die Freiheit der Anderen, also eine der Grundfesten der demokratischen Freiheitsidee, delegitimiert, weil ja schon in der eigenen Interessenausübung die universelle Freiheitsverwirklichung liegt. Diese ins Universelle hochgezogene individuelle

Freiheit muss sich dann nicht mehr von partikularen Anliegen zurückdrängen lassen.

Durch diese Taschenspielertricks gelingt es auf einmal, das eigene Selbst scheinbar mühelos moralisch sauber und liberal gestärkt über die Belange anderer zu stellen. Am Ende mündet dies in einer Vorstellung von der Welt, in der sich alles und jeder nach den eigenen Bedürfnissen zu richten hat. Alles andere wäre ja ein Freiheitsverstoß. Auch so kann man sich eine Welt konstruieren, in der es sich gut mit sich selbst aushalten lässt.

Gerade in der Corona-Pandemie, in der die persönlichen Freiheiten aller massiv eingeschränkt wurden, um die Gesundheit vieler zu schützen, hatte dieses Freiheitsverständnis bei den Gegnern der Maßnahmen Konjunktur. Freiheit, Frieden und Liebe waren etwa die Stichwörter, die auf den Kundgebungen der sogenannten Querdenker das rhetorische Setting bildeten, mit dem die eigene moralische Überlegenheit gegenüber dem «Mainstream» dargetan werden sollte.[19] Wer wollte etwas gegen diese Ziele sagen? Das Perfide an dieser Argumentationsstruktur ist, dass sie eine sachliche Auseinandersetzung über widerstreitende Interessen verhindert und in gewisser Weise als Immunisierungsstrategie gegen Kritik am eigenen Standpunkt wirkt. Denn wenn alles sofort eine Frage «der» (einen) Freiheit ist, kann nicht mehr auf sachlicher Grundlage die Freiheit des einen gegen die Freiheit des anderen (oder aber dessen Gesundheit) abgewogen werden.

Welche Ausmaße diese Verabsolutierung des Freiheitsgedankens bei gleichzeitiger größtmöglicher Subjektivierung erreichen kann, zeigt anschaulich wiederum ein Beispiel aus der Corona-Pandemie. Denn verließe man sich auf die Empörungskurven der öffentlichen Diskussion, so könnte man meinen, nichts habe die Freiheit in dieser Zeit so sehr eingeschränkt wie der Zwang zum Tragen von Masken. Vor allem im Umfeld von Rechtspopulisten und Verschwörungstheoretikern wurde die Maske gerne zum Maulkorb umgedeutet[20] und damit zum ultimativen Symbol dessen, was dort als «Corona-Diktatur» bezeichnet wurde. «Schluss mit der Corona-Panik! Ich zeige Gesicht!», ließ etwa die AfD in Niedersachsen noch Ende Oktober 2020 trotz dramatisch gestiegener Infektionszahlen großflächig plakatieren.[21] In diesem Umfeld wurde die Pflicht zum Tragen von Masken zur «evidenten Schikane durch die Staatsmacht»[22] hochstilisiert – also zum ultimativen Ausdruck von Unfreiheit.

Bis zu einem gewissen Grade bleibt es rätselhaft, warum in Zeiten, in denen die Einschränkungen des sozialen Miteinanders aus Gründen des Gesundheitsschutzes ein nie dagewesenes Ausmaß erreichten, gerade diese – jedenfalls in den meisten Zusammenhängen – vergleichsweise geringe Beeinträchtigung ein derart hohes Erregungspotential zeigte. Die körperliche Dimension, die die Freiheitsbeschränkung hier aufweist, mag dabei eine wichtige Rolle spielen, genauso wie die starke symbolische Verbindung der teilweisen Gesichtsverhüllung zur Frage der eigenen (und fremden) Identität. Insofern scheint die Maskenpflicht gerade dann als problematisch wahrgenommen zu werden, wenn die eigene Identität als fragil erlebt wird. Die fehlende Möglichkeit, mit dem eigenen Gesicht auch sich selbst in der Öffentlichkeit zu präsentieren, wird dann als besonders bedrohlich empfunden. Darüber hinaus dürfte aber auch entscheidend sein, dass die Maskenpflicht in der Pandemie diejenige Einschränkung darstellt, die am stärksten auch die Menschen erreicht, die von den übrigen sozialen Einschränkungen nur in geringer Weise beeinträchtigt sind, etwa, weil sie auch unabhängig von der Pandemie nur wenig sozialen Austausch pflegen oder aber sich in einem engen sozialen Umfeld bewegen, das sich möglicherweise auch über die infektionsschutzrechtlichen Kontaktbeschränkungen schlicht hinweggesetzt hat. Hier steht die Maske dann für den Bereich des Lebens, der davon geprägt ist, dass man den Anderen in der Gesellschaft eben nicht ausnahmslos aus dem Weg gehen kann – im öffentlichen Nahverkehr, im Einzelhandel, beim Friseur. Genau in diesem Bereich, der davon geprägt ist, den Anderen aushalten zu müssen, werden dem Ich Einschränkungen auferlegt, die in einem sehr einfachen Sinne seine oder ihre Identität berühren. In einer Welt, die darauf ausgerichtet ist, sich zunehmend von den Zumutungen des Anderen zu befreien, kann dies offensichtlich schon reichen, um als Demütigung wahrgenommen zu werden.

Diese übersteigerte Form der Freiheitswahrnehmung ist jedoch nicht der einzige Bereich, in dem das demokratische Freiheitsversprechen zur Überhöhung der eigenen Person genutzt wird. Entgegen dem Versuch, über einen allgemeinen Begriff von Freiheit die individuellen Interessen zu verabsolutieren, existiert nämlich eine umgekehrte Entwicklung, bei der über die Argumentation mit der individuellen Freiheit gerade keine individuellen Interessen, sondern Gemeinwohlbelange durchgesetzt werden sollen. Die Spur dieser Entwicklung führt wiederum ins Recht oder, genauer gesagt, in die Rechtsprechung des Bundesverfassungsgerichts.

Um diese Wirkmechanismen zu verstehen, muss man sich zunächst vor Augen führen, dass unsere kontinentaleuropäische Rechtsordnung sehr stark von der Idee des subjektiven Rechts geprägt ist. Unter einem subjektiven Recht wird dabei die Rechtsmacht verstanden, die dem Einzelnen von der Rechtsordnung verliehen ist, um seine Interessen wahrzunehmen.

Diese subjektiven Rechte kann er oder sie grundsätzlich vor Gericht durchsetzen und so auch im Konfliktfall gegenüber anderen Privaten wie auch gegenüber dem Staat effektiv wirksam werden lassen.[23] Aspekte des Gemeinwohls werden demgegenüber in der Regel gerade nicht als Fragen des subjektiven Rechts, sondern als solche der Politik behandelt, da es Aufgabe der politischen Gestaltung ist, das Gemeinwohl zu definieren und zu verwirklichen. Im Hinblick auf subjektive Rechte haben Gemeinwohlbelange schließlich die Funktion, dass sie zu deren Einschränkung herangezogen werden können. Erst in jüngerer Zeit finden sich verstärkt Entwicklungen, in denen auch Gemeinwohlbelange vor Gerichten erstritten werden können – allerdings normalerweise gerade nicht als subjektive Rechte, sondern im Wege der sogenannten Verbandsklage. Dabei werden bestimmte gemeinnützige Organisationen durch Gesetz dazu ermächtigt, einzelne Allgemeininteressen – vor allem im Bereich des Umwelt- und Naturschutzes – vor Gericht einzuklagen, obwohl es sich dabei explizit nicht um subjektive Rechtspositionen handelt.

Einen anderen Weg geht nun in jüngerer Zeit das Bundesverfassungsgericht an zwei ausgewiesenen Stellen, die zwar im Grundsatz sehr unterschiedlich sind, sich aber in der Struktur der Subjektivierung in gewisser Weise ähneln. Der erste Bereich betrifft dabei die Rechtsprechungslinie des Gerichts zur verfassungsrechtlichen Kontrolle der Europäischen Integration. Sie beginnt mit einer Entscheidung aus dem Jahr 1993, bei der das Gericht über die Verfassungskonformität des sogenannten Vertrags von Maastricht zu entscheiden hatte, des Vertrags also, mit dem die Europäische Union gegründet wurde.[24] Grundlage dieser Entscheidung waren mehrere Verfassungsbeschwerden, die sich gegen die deutsche Zustimmung zu diesem Vertrag richteten. Verfassungsbeschwerden dienen dabei ihrer Konzeption nach ausschließlich der Durchsetzung von subjektiven Rechten, genauer gesagt von Grundrechten und ihnen gleichgestellten Rechtspositionen im Grundgesetz. Der wesentliche Kritikpunkt am Vertrag von Maastricht war in der Sache allerdings nicht die Verletzung individueller Rechtspositionen, sondern vielmehr die Übertragung von Hoheitsgewalt auf die Europäische Union, das heißt in gewissem Sinne die Entmachtung des Bundestags als demokratisch gewähltem Parlament. Die Beschwerdeführer des Verfahrens sahen hierin letztlich einen Verstoß gegen das verfassungsrechtliche Demokratieprinzip. Da das Demokratieprinzip jedoch gerade keine individuelle Rechtsposition darstellt, die vom Einzelnen in Anspruch genommen werden kann, sondern nur eine objektive Vorgabe für die Selbstorganisation als Gemeinschaft, griff man prozessrechtlich zu einem kleinen Trick: Die Verfassungsbeschwerden wurden nicht auf eine Verletzung des Demokratieprinzips gestützt (was von vornherein aussichtslos gewesen wäre), sondern auf eine Verletzung des Wahlrechts, d.h. des subjektiven Rechts, den Bundestag in allgemeiner, unmittelbarer, freier, gleicher und geheimer Wahl zu wählen.[25]

Das Bundesverfassungsgericht nahm diese Konstruktion auf und machte sie zur Grundlage seiner Europarechtsprechung der nächsten Jahrzehnte. Es stellte fest, dass das Wahlrecht dem Einzelnen nicht nur die Befugnis erteile, seine Stimme für den Bundestag abzugeben, sondern auch in einem allgemeinen Sinne an der Legitimation der Staatsgewalt durch das Volk mitzuwirken und auf ihre Ausübung Einfluss zu nehmen. Dieses Recht könne verletzt sein, wenn die Kompetenzen des Bundestages so weitgehend auf die Ebene der Europäischen Union übertragen würden, dass die unverzichtbaren Mindestanforderungen demokratischer Legitimation der Staatsgewalt nicht mehr erfüllt würden.[26] Später wurde das Gericht noch deutlicher und erklärte, dass jede und jeder Deutsche auf der Grundlage des verfassungsrechtlich verbürgten Wahlrechts eine Verletzung des Demokratieprinzips rügen könne.[27] Damit wird das Demokratieprinzip, das im Grundgesetz als objektiver Gemeinschaftsbelang konzipiert wird, mittelbar zum subjektiven Recht umstrukturiert.[28] Der Einzelne wird damit in einer Weise überhöht, die es ihm ermöglicht, die Strukturbedingungen der Verfassungsordnung als eigenes, ihm oder ihr individuell zustehendes Recht einzuklagen. Er oder sie steht damit praktisch für das gesamte Gemeinwesen und das gesamte demokratische System. Angesichts dieser Tragweite der Subjektivierung überrascht es nicht, dass das Bundesverfassungsgericht diese Konstruktion bisher allein im Bereich der Europäischen Integration angewendet hat, im rein innerstaatlichen Bereich aber ein vergleichbares subjektives Recht auf Demokratie (noch) nicht anerkannt hat.

Das zweite Beispiel, in dem das Bundesverfassungsgericht in jüngster Zeit Allgemeinwohlbelange als subjektive Belange des Einzelnen rekonstruiert hat, hat zwar ebenfalls einen internationalen Bezug, betrifft aber originär den innerstaatlichen Bereich, nämlich den deutschen Beitrag zum internationalen Klimaschutz. Das Gericht hatte hier im Jahr 2021 über eine Vielzahl von Verfassungsbeschwerden zu entscheiden, mit denen gerügt wurde, dass die gegenwärtigen, bis zum Jahr 2030 befristeten deutschen Maßnahmen zum Klimaschutz vollkommen unzureichend seien.[29] Dies würde bedeuten, dass die entsprechenden völkerrechtlichen Verpflichtungen nur eingehalten werden könnten, wenn ab dem Jahr 2030 massivste Einschnitte in Grundrechte erfolgen würden. Das Bundesverfassungsgericht sah darin tatsächlich eine Verletzung der Grundrechte der Beschwerdeführer, ohne dabei allerdings ein konkretes Grundrecht zu spezifizieren. Vielmehr hielt es fest, dass die Grundrechte im Sinne einer «intertemporalen Freiheitssicherung» die Beschwerdeführer auch davor schützten, dass die Verminderung der Treibhausgasemissionen einseitig in die Zukunft verlagert würde.

Das Urteil, das ohne Zweifel eine der politischsten Entscheidungen der jüngeren Zeit darstellt, ist sowohl politisch als auch juristisch durchaus umstritten.[30] Interessant im hier besprochenen Zusammenhang ist es deshalb, weil es noch einmal in besonderer Weise die Idee der Subjektivierung von Gemeinwohlinteressen auf die Spitze treibt. Denn letztlich werden hier über die Grundrechte als nicht näher beschriebenes Bündel von Individualrechten Einzelne in die Lage versetzt, in bestimmtem Umfang Maßnahmen der Klimapolitik durchzusetzen. Der Klimaschutz wird damit zwar nicht zur Privatsache, aber jedenfalls auch zu etwas Persönlichem. Ein bisschen dreht sich dann zwar nicht die Erde, wohl aber die Erderwärmung um einen selbst.

Nun haben die beiden genannten Gerichtsentscheidungen ohne Zweifel sehr viel damit zu tun, dass das Bundesverfassungsgericht als Akteur nur dann über die politisch hoch brisanten Bereiche der europäischen Integration und des Klimaschutzes entscheiden konnte, wenn sich Einzelpersonen als Kläger fanden und die gerichtliche Überprüfung dieser Maßnahmen auch am Maßstab von subjektiven Rechten dieser Kläger erfolgte. Eine objektive Kontrolle ohne subjektive Anknüpfungspunkte war den Richterinnen und Richtern demgegenüber verwehrt. Durch die Überhöhung des Einzelnen ermächtigte sich das Gericht daher vor allen Dingen auch selbst.

Doch auch unabhängig von dieser strategischen Frage passen beide Entscheidungen hervorragend in den spätmodernen Zeitgeist. Indem die Europäische Integration und die Klimakrise letztlich als Probleme des Einzelnen und seiner oder ihrer Rechte heruntergebrochen werden, verstärkt sich der Eindruck einer Welt, in der sich alles nur um die eigene Person dreht und eine Frage von Selbstverwirklichung und Selbstentfaltung ist. Die Freiheit des Einzelnen wird so zum Instrument in der politischen Auseinandersetzung – zwar nicht mit dem destruktiven Ziel, den Standpunkt anderer Menschen zu delegitimieren, wohl aber mit dem Zweck, die politische Auseinandersetzung als eine Frage des Rechts zu rekonstruieren und damit in gewisser Weise dem politischen Diskurs zu entziehen. Die Gemeinsamkeit der (im Übrigen sehr unterschiedlichen) Mechanismen liegt also darin, dass die kommunikative Auseinandersetzung mit dem Anderen, der Streit um den richtigen politischen Weg, mittels eines bestimmten Verständnisses von Freiheitsverwirklichung ersetzt wird durch eine autoritative Struktur. Dabei wird in dem einen Fall das Individuum als solches, im anderen Fall die Institution Bundesverfassungsgericht als maßgebliche Autorität eingesetzt. Beiden Strategien ist jedenfalls gemeinsam, dass sie die Notwendigkeit, den Anderen mit seinen divergierenden Ansichten und Interessen auszuhalten, reduzieren und an die Stelle das Individuum setzen, das in erster Linie mit sich selbst in der Welt zurechtkommen muss.

Ich mit mir: sich selbst ertragen

Auf den ersten Blick scheint es also ganz bequem zu sein, sich in der spätmodernen Gesellschaft mit sich selbst einzurichten. Man entfaltet sich und präsentiert sich den Anderen, ohne ihnen dabei allzu nahe kommen zu müssen. Nur mit sich selbst muss man es sich einzurichten wissen. Dabei hilft es, wenn man in einem übersteigerten Verständnis von Freiheit davon ausgeht, dass sich die Welt ohnehin um einen selbst dreht.

Diese Fokussierung auf den eigenen Radius ist allerdings nicht umsonst zu haben. Denn je mehr man mit sich selbst konfrontiert ist, desto größer wird auch die Herausforderung, sich selbst aushalten zu müssen. In der Auseinandersetzung mit sich selbst kann es dabei allerdings zu ganz ähnlichen Enttäuschungen kommen wie denjenigen, denen man zu entgehen versucht, wenn man sich von den Zumutungen der Anderen distanziert. Am Ende steht dann die Gefahr der großen Einsamkeit, die in unserer gegenwärtigen Gesellschaft nicht nur zum realen gesundheitlichen Problem wird, sondern auch elementare Rückwirkungen auf das Gemeinwesen hat.

Enttäuschungen

Wer um sich selbst kreist, wer die oder den Anderen immer weniger aushalten muss, scheint auf den ersten Blick nicht nur von einer Reihe unangenehmer Begegnungen, von den Zumutungen der Rücksichtnahme, des Zuhörens und des Kompromisses befreit zu sein. Er oder sie entledigt sich zunächst auch einer ganzen Reihe von Enttäuschungen: Je geringer die Konfrontation mit anderen Menschen ist, desto geringer ist auch die Wahrscheinlichkeit, dass andere Menschen die eigenen Erwartungen nicht erfüllen und dadurch Enttäuschungen produzieren.

Allerdings ist die verstärkte Abschottung von anderen, andersartigen und andersdenkenden Menschen kein Garant dafür, von derartigen negativen Emotionen befreit zu sein. Ganz im Gegenteil. Denn Zumutungen und Enttäuschungen gehen nicht nur vom Anderen aus. Vielmehr hält die Fokussierung auf das Ich eine ganz eigene Form der Enttäuschung bereit: Die Enttäuschung, den Anforderungen einer subjektivierten und optimierten Welt nicht standhalten zu können. Die Möglichkeiten, zum bestmöglichen Ich zu finden, erweitern und verabsolutieren nämlich nicht nur die eigene Freiheit. Sie erzeugen vielmehr auch eine eigene Form von Druck. Denn wenn die Welt voller Möglichkeit der Selbstentfaltung und -verwirklichung scheint, wenn ein Großteil der Aufmerksamkeit darauf liegt, die bestmögliche Version von sich selbst zu erschaffen, dann muss es den Einzelnen umso härter treffen, wenn die Realität sich nicht mit dieser Vorstellung eines optimierten Ich deckt.[31]

Die Ideologie der Selbstoptimierung geht insofern unausgesprochen davon aus, dass es in der individuellen Verantwortung des Einzelnen liegt, wie glücklich, erfolgreich und außergewöhnlich er oder sie im Leben ist. Damit ist schon eine wesentliche Prämisse falsch. Denn nur ein Teil des eigenen Schicksals lässt sich tatsächlich gestalten. Auch wenn es in die Erzählung der Selbstoptimierung nicht passt, ist jeder Mensch in erheblicher Weise von Unwägbarkeiten und Zufällen abhängig, auf die er keinerlei oder doch zumindest nur sehr geringen Einfluss hat. Krankheiten gehören zu diesen übersubjektiven

Faktoren genauso wie ökonomische Entwicklungen im Arbeitsleben oder familiäre Vorbedingungen – im Hinblick auf Vermögen, Bildung oder auch emotionale Stabilität. Dieser Widerspruch zur Idee der fast unbegrenzten Selbstoptimierung bleibt in der Kultur der Spätmoderne indes unaufgelöst. Kulturelle Muster, die den Umgang mit solchen negativen Erlebnissen und den mit ihnen verbundenen Einschränkungen anleiten würden, fehlen.[32] Gerät die Selbstentfaltung in Konflikt mit der harten Realität, bleibt der Einzelne mit all seinen negativen Emotionen und Enttäuschungen daher auf sich gestellt.

Es sind aber nicht nur objektive Bedingungen, an denen der Einzelne bei der Suche nach dem optimierten Ich scheitern kann. Auch die individuellen Möglichkeiten zur Selbstentfaltung sind weder unbegrenzt noch zwischen den Menschen gerecht verteilt. Die intellektuellen, praktischen, sozialen und sonstigen Fähigkeiten und Kenntnisse, die zur Optimierung der eigenen Person erforderlich sind, variieren vielmehr erheblich von Mensch zu Mensch, so dass es ganz unabhängig von äußeren Faktoren dem Einen deutlich leichter und dem Anderen deutlich schwerer fällt, eine optimierte Variante von sich selbst zu produzieren. Damit gibt die Gesellschaft der Selbstoptimierer dem Einzelnen nicht nur die Möglichkeit zur Selbstentfaltung und lädt diese Option mit entsprechenden sozialen Erwartungen auf. Sie macht all denen, die nicht über die optimalen Bedingungen zur Selbstentfaltung verfügen, auch besonders schmerzlich die eigenen Unzulänglichkeiten bewusst. War es in der Vergangenheit noch in viel stärkerem Maße sozialadäquat, das eigene Scheitern oder zumindest das eigene Nichtvorankommen auf äußere Umstände oder den zugewiesenen Platz in der Gesellschaft zurückzuführen, scheint in der Gegenwart die Verantwortung allein bei jedem selbst zu liegen.

Wer die Möglichkeiten nicht nutzt, die das Zeitalter der Selbst-optimierung offeriert, und damit hinter den (tatsächlichen oder erdachten) Erwartungen an ein erfülltes und aufregendes Leben zurückbleibt, der hat es wohl nicht besser verdient.

Diese strukturellen Enttäuschungen treffen nicht nur die-jenigen Angehörigen der spätmodern aufgeklärten gehobenen Mittelschicht, die die Anforderungen der Selbstoptimierung für sich als relevant definieren. Auch jenseits dieser Gruppe sind sie dort relevant, wo sie das Gefühl verstärken, dass diese gebildete Mittelschicht auf die Betroffenen herabsieht und dies nun nicht mehr pauschal mit ihrer Klassenzugehörigkeit, son-dern vielmehr mit dem eigenen Unvermögen zur Optimierung des Selbst begründet.

Beim Versuch, diese von außen herangetragenen Enttäu-schungen über die eigene Existenz abzuwehren, erweist sich zunehmend eine Taktik als erfolgreich, die in einem verstärk-ten Rekurs auf eine behauptete, aber nicht näher erläuterte Normalität besteht. Besonders deutlich wurde diese Figur im Bundestagswahlkampf 2021 bei der AfD. «Deutschland. Aber normal», so lautete der offizielle Slogan der Kampagne. Wenig subtil wurde auf diese Weise alles außerhalb der rechtspopulis-tischen Lebenswelten als unnormal aussortiert. Ein alter, aber immer noch effektiver Trick. Doch auch jenseits des rechten politischen Randes kennt man den Dreh. Wenige Tage vor der-selben Bundestagswahl äußerte der Kanzlerkandidat der Union, Armin Laschet, in einem Zeitungsinterview die Sorge, nor-male Menschen seien verunsichert, was sie überhaupt noch aussprechen dürften.[33] Bemerkenswert darin ist, dass hier der sprichwörtliche «Normalbürger» nicht einfach in Stellung ge-bracht wird, um klarzumachen, an wen sich das eigene Politik-angebot richtet, an wessen Interessen man sich also (vorgeblich) bei seiner Politik orientiert. In dieser Funktion ist er schon sehr lange regelmäßiger Teil des Wahlkampfdiskurses. Hier wird vielmehr der «normale Mensch» zu einem inhaltlichen Kampfbegriff. Er steht im Zentrum einer Strategie der Rückausgrenzung, in der man die spätmoderne Selbstoptimierungsmittelschicht schlicht als marginal und irrelevant definiert, als «unnormal», als etwas, mit dem man sich nicht auseinandersetzen, es also in diesem Sinne nicht aushalten muss. Der herablassende Blick von oben wird auf diese Weise quasi umgedreht, die inhärente Demütigung löst sich auf.

Diese Form der Problembewältigung kann noch weiter gesteigert werden. Denn ein noch effektiveres Mittel, sich gegen die Enttäuschungen der Selbstverwirklichungsgesellschaft zu wappnen, findet sich in der Hinwendung zu Verschwörungstheorien, und es ist wahrscheinlich kein Zufall, dass sowohl Selbstoptimierungsdruck als auch Verschwörungsmythen derzeit in unterschiedlicher Weise Konjunktur haben. Auf den ersten Blick mag vielleicht nicht unmittelbar einleuchtend sein, warum der Glaube, der Bundeskanzler und andere führende Politiker seien humanoide Echsenwesen, Deutschland sei kein souveräner Staat, sondern eine GmbH,[34] und die Corona-Pandemie sei wahlweise eine reine Erfindung oder ein perfider Machtplan von Bill Gates, eine Reaktion auf das Scheitern an fremden Optimierungserwartungen sein soll. Aus der psychologischen Forschung über Verschwörungsmythen ist aber mittlerweile bekannt, dass sie besonders dann auf fruchtbaren Boden fallen, wenn Menschen sich abgehängt von der politischen und gesellschaftlichen Teilhabe fühlen und wenn gesellschaftliche Regeln keinen Halt mehr geben.[35] Der Verschwörungsmythos bietet dann nicht nur eine Erklärung für dieses empfundene Defizit an, die den Betroffenen von der Verantwortung für die eigene Situation befreit. Er geht noch viel weiter und ermöglicht es, das Defizit in eine Stärke umzuwandeln. Denn das «Geheimwissen», das der Anhänger eines Verschwörungsmythos für sich in Anspruch nimmt, zeichnet ihn aus und hebt ihn von den Anderen, die die Verschwörung nicht zu erkennen vermögen, ab. Der Verschwörungsglaube stellt daher letztlich einen Problemlösungsmechanismus dar, um der gesellschaftlichen Marginalisierung zu entgehen. Die empfundene Ausgrenzung, das Gefühl das Abgehängtseins wird umgedreht und in sein Gegenteil verkehrt: Die spätmoderne kulturelle Elite mit ihren Selbstoptimierungsvorstellungen mag sich vielleicht über den eigenen Lebensstil erheben, aber all das beruht in dieser Sicht dann nur noch auf einer großen Täuschung, die die eigentliche Wahrheit, die im Verschwörungsmythos liegt und nur von den Eingeweihten erkannt wird, verdeckt.

Einsamkeit

Auch wenn es also verschiedene Formen der Bewältigungsmechanismen gibt, um mit den Enttäuschungen umzugehen, die die Selbstoptimierungsgesellschaft bereithält, bleibt doch am Ende vor allen Dingen ein Faktor dominant: die menschliche Einsamkeit. Das ist zunächst einmal eine gewisse logische Konsequenz einer Gesellschaft, in der man den Anderen immer weniger aushalten will. Denn wer die Zumutungen des Anderen nicht erträgt, bleibt am Ende auf sich gestellt, und damit jedenfalls allein. Der Weg von einem solchen Alleinsein zur Einsamkeit ist dann nicht mehr weit. Und so gibt es schon seit längerem den Befund, dass die Einsamkeit in den Gesellschaften der Gegenwart nicht nur zu einem ernstzunehmenden sozialen, sondern aufgrund ihrer psychosozialen Auswirkungen auch zu einem realen gesundheitlichen Problem geworden ist.[36]

Einsamkeit zeichnet sich dabei in gleicher Weise durch die übermäßige Konfrontation mit sich selbst wie auch durch das Fehlen sozialer Einbindung aus. Gekoppelt mit dem Abhandenkommen sozialer Bindung ist dann auch der zunehmende Verlust sozialer Regeln. Dieser Verlust kann zwar einerseits die individuelle Freiheit des Einzelnen deutlich erhöhen. Aber soziale Strukturen basieren immer auch gerade darauf, dass die Freiheit des Einzelnen zugunsten solcher Regeln eingeschränkt wird, wobei das Ausmaß der Einschränkung überaus unterschiedlich ausgestaltet sein kann. Fallen die entsprechenden Regeln weg, werden auch die sozialen Strukturen porös. Das führt wiederum dazu, dass der Einzelne deutlich größere Anstrengungen unternehmen muss, um in ein soziales Netzwerk eingebunden zu sein und so seiner Einsamkeit zu entgehen. Wer solche Anstrengungen nicht auf sich nehmen kann oder will, rutscht dann besonders schnell in die Einsamkeit ab. In besonders deutlicher Form lässt sich dies heute in der digitalen Welt beobachten. Weil sich dort stabile soziale Normen nicht herausgebildet haben, müssen die Regeln der Interaktion in jedem Fall aufs Neue verhandelt werden. Fehlt es an einem entsprechenden Aushandlungsprozess, was bei den flüchtigen Beziehungen der digitalen Welt sehr regelmäßig der Fall ist, können Regeln nur einseitig gesetzt und ihre Verletzungen durch ebenfalls einseitigen Kontaktabbruch sanktioniert werden. Besonders prägnant lässt sich das für die sozialen Medien auf den Punkt bringen: Wer sich unpassend benimmt, wird geblockt. Was dabei unpassend ist, bestimmt jeder Einzelne für sich.

Dieser Verlust sozialer Einbettung durch die Abwesenheit sozialer Regeln kann als Teil eines Wegs in die Einsamkeit zu einer eigenwilligen Form von Selbstmusealisierung führen, bei der der Einzelne sich selbst zum dekontextualisierten Artefakt einer nicht (mehr) existierenden sozialen Welt macht. In einer schon etwas versunkenen Zeit mag der Junggeselle, der sich allein im Anzug an einen festlich gedeckten Tisch setzt, als Prototyp einer solchen Form einsamer Inszenierung gegolten haben.[37] Heute könnte man etwa an Haus- und Wohnungsbesitzer denken, die ein kleines Vermögen für perfekt ausgestattete Küchen ausgeben, in denen allerdings nur zu seltenen, besonderen Anlässen eventartig gekocht wird, während die alltägliche Essenszubereitung meist entweder außer Haus passiert oder auf das Erwärmen vorbereiteter Convenience-Produkte reduziert ist. Letztlich handelt es sich bei diesen Formen, in welcher aktuellen Gestalt sie auch daherkommen mögen, um den Versuch, sich selbst zu ertragen und dabei mit einer bestimmten Form von Einsamkeit umzugehen, die dadurch entsteht, dass gewisse soziale Kontexte verloren gegangen sind. Dabei werden Sozialbeziehungen in einer auf das Individuum bezogenen und musealisierten Form imitiert, ohne dass dadurch echte soziale Interaktion gestiftet würde.

Diese Selbstmusealisierung, mit der letztlich ein Surrogat für Sozialbeziehungen geschaffen wird, ist am Ende eine vergleichsweise harmlose und sozial verträgliche Möglichkeit, auf die Einsamkeit zu reagieren. Sie sucht die Lösung des Problems vor allen Dingen im inneren Bereich des einsamen Menschen. Damit handelt es sich aber um eine Bewältigungsstrategie, die im Ergebnis darauf angewiesen ist, dass bei der einsamen Person bestimmte, meist auch ökonomische Ressourcen vorhanden sind, die für die Imitation der sozialen Beziehungen eingesetzt werden können. Schon das Festmahl des Junggesellen am aufwändig gedeckten Tisch erfordert insofern einen gewissen zeitlichen und finanziellen Aufwand, um das Essen zuzubereiten und die Tafel zu inszenieren. Umso mehr gilt das für die aufwändige Designerküche, die schnell den Preis eines Neuwagens erreicht und darüber hinaus natürlich auch überaus aufwändig geplant und zusammengestellt werden muss.

Fehlen dem Einzelnen diese Ressourcen, sind seine Möglichkeiten zur Problembewältigung weiter beschränkt. Als eine nach außen gerichtete Strategie der Problemlösung zeigen sich dann mitunter Formen politischen Protests, die bis hin zu gewaltsamen Ausschreitungen reichen können. Psychologische Studien haben seit einigen Jahren verstärkt den Zusammenhang zwischen radikalem, vor allem gewaltsamem politischen Protest und der sogenannten Anomia nachgewiesen, einem individuell-psychologischen Zustand, der durch das Gefühl von eigener Bedeutungslosigkeit, Machtlosigkeit, Selbstentfremdung, dem wahrgenommenen Verlust sozialer Normen sowie dem Gefühl sozialer Isolation geprägt ist.[38] Gerade die letzten beiden Faktoren decken sich mit dem hier beschriebenen Phänomen. Insbesondere bei den bereits erwähnten Protesten der sogenannten Gelbwesten in Frankreich lassen sich die entsprechenden Merkmale bei den Protestierenden empirisch nachweisen.[39] Was die einzelnen Akteure bei aller Disparatheit der Bewegung im Übrigen verbindet, ist im entscheidenden Maße ein gewisses Gefühl von Einsamkeit.[40] Auch bei der deutschen Querdenker-Bewegung lässt eine gewisse anekdotische Evidenz auf der journalistischen Ebene einen solchen Zusammenhang vermuten,[41] auch wenn valide empirische Studien dazu bisher soweit ersichtlich fehlen.[42]

Aus dem Nichtaushaltenwollen des Anderen, dem Verlust

sozialer Regeln und der aus beidem folgenden Einsamkeit kann also im Extremfall eine starke Ablehnung gegenüber dem politischen System folgen – zumindest können diese Faktoren die Ablehnung deutlich befördern. Dies gilt auch im Hinblick auf demokratische politische Ordnungen und ihre Institutionen, obwohl doch gerade die Demokratie im Grundsatz das Versprechen der politischen Selbstwirksamkeit und Eingebundenheit enthält. Auch jenseits extremer Formen politischen Protests stellt sich damit die Frage, welche Auswirkungen die aktuellen Entwicklungen bei der Konstituierung von Gemeinschaft und Alleinsein auf die Demokratie als politisches System haben.

Kein Du, kein Ihr, nur Ich und Wir.
Vom Kerngeschäft des Populismus

Als zentrale Schaltstelle, an der sich diese Entwicklungen politisch kanalisieren, erweist sich dabei die nationale wie internationale Stärkung populistischer Strömungen, die seit einigen Jahren zu beobachten ist. Denn den Anderen nicht auszuhalten ist das Kerngeschäft des Populismus.[43] Dabei soll der oft schillernde Begriff hier mit Jan-Werner Müller als Politikvorstellung verstanden werden, nach der einem moralisch reinen, homogenen Volk stets unmoralische, korrupte und parasitäre Eliten gegenüberstehen, die zwar über das Volk herrschen, aber eigentlich gar nicht wirklich zum Volk dazugehören.[44] Diese Art von Denkmuster ist nicht neu. In ihrer politisch organisierten Form hat sie jedoch in der jüngeren Vergangenheit weltweit an Bedeutung gewonnen. Die Präsidentschaft Donald Trumps beruhte in ihrem Kern wesentlich darauf, zwischen der eigenen, als politisch legitim gekennzeichneten Position und den Anderen, der (vermeintlichen) politischen Elite, «denen» in Washington und insbesondere der liberalen Presse zu unterscheiden, die er immer wieder als «Feind des Volkes» bezeichnete. Sein brasilianischer Kollege Jair Bolsonaro arbeitete mit ähnlichen Unterscheidungsmustern und grenzte dabei das eigene, moralische, den «wahren» Brasilianerinnen und Brasilianern dienende Handeln von den «gottlosen» progressiven Eliten ab. Gleiches gilt für den indischen Premierminister Narendra Modi, der sich als Außenseiter gegenüber der korrupten politischen Elite inszeniert und dies mit zentralen Elementen eines Hindu-Nationalismus verbindet. Zu den tragenden Narrativen des ungarischen Ministerpräsidenten Viktor Orbán gehört es, gegen die liberalen, «nihilistischen» Eliten in Brüssel anzukämpfen und das «wahre» ungarische Volk zu schützen. Auch die britische Brexit-Bewegung und mit ihr der zu der Zeit amtierende Premierminister Boris Johnson, seinem ganzen Werdegang nach ein Produkt der britischen Elite, spielten dieses Spiel, die vermeintlichen Eliten ausgrenzen zu wollen, und erklärten alle, die sich gegen den Brexit oder für eine nicht ganz so harte Ausgestaltung aussprachen, schnell zu Feinden des Volkes.

In Deutschland ist es vor allen Dingen die AfD, die das populistische Modell in die politische Auseinandersetzung trägt. Sie grenzt nicht nur systematisch etwa Zugewanderte und Muslime aus der Gemeinschaft aus. Auch die von ihr so genannten «Altparteien» werden als Feindbild inszeniert, als korrupte Eliten, gegen die sich die Partei als Vertreterin des wahren Volkes wendet. Da werden die Politiker anderer Couleur schon einmal in der Hitze des Gefechts als «Volksverräter» beschimpft.[45] Damit überschneidet sich das Vokabular mit demjenigen der außerparlamentarischen populistischen Pegida-Bewegung, die in noch deutlicherer und nach außen sichtbarerer Weise genau diese Mechanismen bedient und eine aggressive Grenze zwischen dem «eigentlichen» Volk und der «herrschenden Elite» (oder aber als «fremd» markierten Bevölkerungsgruppen) zieht.

Keine Gleichheit, nur Gleichartigkeit

Der Reiz dieses politischen Modells für seine Anhängerinnen und Anhänger liegt darin, dass es von einer wesentlichen Zumutung der Demokratie entlasten soll. Denn das populistische Gedankengerüst beruht darauf, das grundlegende demokratische Gleichheitsversprechen aus der Demokratie zu eliminieren.[46] Der, der als anders definiert wird, mit dem man nicht übereinstimmt, ja mit dem man sich vielleicht sogar durch überhaupt nichts verbunden fühlt, wird nicht als gleich akzeptiert, wird nicht als möglicher politischer Gegner ausgehalten, sondern wird einfach aus dem demokratischen Substrat, dem Volk, wegdefiniert – auch wenn er oder sie im formalen Zuordnungssinne noch so sehr dazugehört. Nicht demokratische Gleichheit ist also Basis dieses Systems, sondern vielmehr Gleichartigkeit. Wer nicht so ist wie ich, wer nicht dieselben Interessen, Bedürfnisse, Ziele und Meinungen hat, der gehört eben nicht zum «wahren» Volk und wird so aus der (schein-) demokratischen Gemeinschaft ausgeschlossen. Die Notwendigkeit, ihn als gleich auszuhalten, entfällt, die Zumutungen der Demokratie werden radikal verkürzt – freilich um den Preis, auch ihre Errungenschaften einzuebnen, nämlich die gleiche Teilhabe aller, die nach formalen Kriterien zur demokratischen Gemeinschaft gehören.

Auch wenn Populisten daher in ihrer Rhetorik sehr stark mit der vermeintlichen Einheit des Volkes (das natürlich nur ‹ihr› Volk ist) arbeiten: Ihr eigentliches Modell besteht darin, die Bürger so weit wie möglich zu spalten.[47] Ihre Schlüsselstrategie liegt in der Polarisierung: Die demokratische Gemeinschaft wird in Gruppen aufgeteilt, von denen nur die eigene als legitim anerkannt wird. Alle anderen werden hingegen als irgendwie illegitim oder sogar als existenzielle Bedrohung dargestellt.[48] Aus diesem Grund wird auch das demokratische Obsiegen der «anderen» Seite im Wege der Mehrheitsentscheidung zum existenziellen Problem. Denn wenn die Meinungen und Interessen der «anderen» Seite nicht als legitim anerkannt werden, dann gilt das auch für die Mehrheitsentscheidung, wenn die «andere» Seite gewinnt. Damit holen Populisten ihre Anhänger genau bei dem Gefühl ab, den Anderen nicht mehr aushalten zu wollen. Die eigene Position wird verabsolutiert, die andere Position derart als nicht anerkennenswert markiert, dass sie nicht mehr ertragen werden muss.

Gruppenzugehörigkeit über Meinungszugehörigkeit

Damit unterscheidet sich der Ausgrenzungsmechanismus der populistischen Denkweise zentral von der demokratieinhärenten Notwendigkeit, Abgrenzungen der demokratischen Gemeinschaft vorzunehmen. Denn bei den Polarisierungen und Ausgrenzungen des Populismus geht es nicht um kategoriale Unterschiede struktureller Zugehörigkeit. Die Unterscheidung zwischen dem «wahren» Volk und den «Anderen» wird nicht anhand der Staatsangehörigkeit bzw. der Herkunft, dem Geschlecht, dem Vermögen oder anderer starrer Gruppenmerkmale vorgenommen (so sehr man diese Abgrenzungskriterien im Einzelnen kritisieren kann). Die Besonderheit des Populismus liegt darin, dass sich die Abgrenzung hier jedenfalls auch anhand konkreter Meinungen oder Lebensformen vollzieht. Wer nicht meiner Meinung ist, gehört eben nicht zum Volk, sondern zu «denen», den «Volksverrätern».

Diese simple Abgrenzung, die es ermöglicht, für sich immer noch den Anspruch demokratischer Politik aufrechtzuerhalten, obwohl man im Grunde schon die einfache demokratische Mehrheitsregel nicht akzeptiert, basiert auf einem einfachen Trick, einer gleichzeitig grundlegenden und banalen Selbsttäuschung. Denn nach dem eigenen Verständnis weiß derjenige, der in populistischen Strukturen denkt und sich von populistischer Politik angesprochen fühlt, von ganz allein, was die Meinung des Volkes ist. Deshalb erübrigt sich auch die Notwendigkeit, diese Meinung durch demokratische Formen erst zu ermitteln. Diese quasi hellseherischen Fähigkeiten erwirbt er oder sie durch einen grotesken, aber gleichzeitig sehr menschlichen Fehlschluss, indem er schlicht die eigene Meinung mit der Meinung des Volkes gleichsetzt. Das wird selten so ausgesprochen und dürfte den meisten Beteiligten oft gar nicht bewusst sein, ist aber letztlich die Basis des populistischen Politikmodells.[49] Und es hat etwas zutiefst Undemokratisches an sich.

Auf diese Weise vermischen sich die kollektiven und individuellen Zumutungen, die die Demokratie bereithält, und werden gleichzeitig so gut es geht aufgehoben – freilich um den Preis, mit ihren Zumutungen auch die Demokratie über Bord zu werfen. Denn wenn einerseits die Gruppenzugehörigkeit über die Übereinstimmung mit der eigenen Meinung konstruiert wird und andererseits jeder, der nicht zu dieser Gruppe gehört, aus dem ‹wahren› Volk herausdefiniert wird, sind auf einmal alle negativen Aspekte der Demokratie beseitigt. Diejenigen, die man als strukturell anders empfindet, muss man dann genauso wenig im demokratischen Sinne als gleich akzeptieren wie diejenigen, die vielleicht nach vorher festgelegten Kriterien strukturell gleich, aber im Einzelfall doch anderer Meinung sind als man selbst. Damit entfällt dann jegliche Notwendigkeit, die eigene Person im Rahmen demokratischer Herrschaft zu relativieren.

Auf diese Weise zeigt sich, dass es im Kern des Populismus, der in Europa gegenwärtig vor allen Dingen in der Form des Rechtspopulismus auftritt, nicht nur um eine überhöhte Form von Gemeinschaftsvorstellung geht, die auf der Idee struktureller Gleichartigkeit beruht. Mit seiner Idee der Gruppenorganisation nach Meinungszugehörigkeit stellt er vielmehr eine spezifische Lösung für die Probleme der individualisierten spätmodernen Gesellschaft bereit, indem er die als narzisstische Kränkungen erlebten Zumutungen des Zusammenlebens relativiert oder sogar eliminiert. Er macht damit ein auf die Spätmoderne perfekt zugeschnittenes Angebot, indem er ihre Gegensätzlichkeiten scheinbar mühelos vereint und die Einbettung in eine Gruppe gleichzeitig mit der maximalen Verwirklichung der eigenen Person verspricht. Dabei geraten seinen Anhängern jedoch die inneren Widersprüche des Konzepts allzu schnell aus den Augen.

Erdachte Gemeinschaft, erdachte Geschichte

Das «demokratische» Gemeinschaftskonzept im populistischen Modell beruht also auf einer hochgradig artifiziellen Imagination, nämlich auf der Vorstellung, dass die demokratische Gemeinschaft nicht durch tatsächliches Handeln, durch tatsächliche Begegnungen oder tatsächliche Nähebeziehungen konstituiert wird, sondern durch die Übereinstimmung mit der vom Standpunkt des Betrachters aus gesehen eigenen Meinung. Diese Form der Imagination ist im Grundsatz alles andere als neu. Wie der amerikanische Politikwissenschaftler Benedict Anderson herausgearbeitet hat, beruhen Nationalstaaten moderner Prägung schon immer sehr grundlegend auf solchen «imagined communities», auf erdachten Gemeinschaften, deren Zusammenhalt allein auf der Vorstellung von Gemeinsamkeit beruht.[50]

Die populistische Imagination von Gemeinschaft unterscheidet sich von diesen herkömmlichen Denkmodellen allerdings dadurch, dass sie ihre Vorstellung von Gemeinsamkeit nicht nur auf solche Muster kollektiver Identitätsbildung stützt, die an angenommene historisch-kulturelle Gemeinsamkeiten anknüpfen, sondern sich vielmehr auf die Imagination einer übereinstimmenden (weil «richtigen») politischen Meinung beruft. Die Imagination beruht daher in sehr großem Maße auf einer Projektion des eigenen Innenlebens auf die Gemeinschaft, der man glaubt anzugehören. Dadurch wird die historisch-kulturelle Imagination allerdings nicht völlig obsolet. Ganz im Gegenteil: Als Legitimationserzählung bleibt sie von entscheidender Bedeutung. Denn in der Selbstbeschreibung der Populisten geht es ja gerade nicht um eine schlichte Verallgemeinerung der eigenen Meinung, sondern vielmehr um die behauptete Identität der eigenen Meinung mit genau solchen historisch-kulturellen Wurzeln. Die Selbstbenennung der Pegida-Bewegung, die sich als Gruppe «Patriotischer Europäer gegen die Islamisierung des Abendlandes» konstituiert hat, zeigt beispielhaft an, wie zentral solche Referenzen sind, mögen sie auch inhaltlich noch so zweifelhaft sein.

Gerade der Bezug auf die eigene nationale Vergangenheit ist

dabei (jedenfalls in den rechtspopulistischen Sphären europäischer und nordamerikanischer Prägung) heute von zunehmend großer Bedeutung, betten sich doch die populistischen Denkmuster hier in aller Regel in eine neue Form von nationaler Glorifizierung ein.[51] So strahlend und schön, so golden und glänzend wie ausgerechnet heute, da er sich in den Augen vieler eigentlich schon im Niedergang befindet, war der Nationalstaat nie zuvor. In diesem nostalgischen Rückblick auf eine in weiten Teilen imaginierte Vergangenheit findet sich der Anker für die Erfindung der eigenen Meinungsgemeinschaft und gleichzeitig eine Gestaltungsvision für die Zukunft. Denn die Wiederherstellung der glorreichen nationalen Vergangenheit stellt heute einen wesentlichen Baustein rechtspopulistischer Politikmuster dar.

Im Mittelpunkt dieser Gestaltungsvision steht dabei die Vorstellung einer Vergangenheit, die eine imaginierte homogene Gemeinschaft zur Grundlage hat – also in der rückprojizierten Vorstellung genau das «wahre» Volk in den Mittelpunkt stellt, das nach Ansicht der Populisten heute zu Unrecht marginalisiert wird. Die Parole «Make America great again» etwa, also die Forderung, zu einem nicht näher definierten großartigen Amerika der Vergangenheit zurückzukehren, war ein zentraler Baustein des erfolgreichen Präsidentschaftswahlkampfs von Donald Trump im Jahr 2016. Zur selben Zeit arbeiteten in Europa beim Brexit-Referendum die sogenannten Brexiteers in ihren Kampagnen massiv mit Bildern des alten britischen Empires, dessen Glanz und Gloria mit der Befreiung aus der Europäischen Union nun endlich wiederaufleben sollten. Bis heute hat sich dieser Topos im Ringen um einen mehr oder weniger geordneten Ausstieg aus der Union beibehalten. Und im Osten Europas propagiert die Regierung von Ministerpräsident Viktor Orbán in Ungarn schon seit Jahren eine nationalistische Politik, die maßgeblich geprägt ist durch die Phantasie eines ethnisch reinen Großungarn, orientiert an historischen Bildern des Mittelalters.[52] In all ihren Facetten träumen diese politischen Strömungen (und ihre geistigen Verwandten in aller Welt) von einer diffusen, einer unbestimmten Vergangenheit, die es so zwar nie gegeben hat, deren aufpoliertes und vergoldetes Bild aber die Vorstellung bestätigen soll, dass das «wahre» Volk historisch existiert und nur in der Gegenwart illegitim an den Rand gedrängt wird.

In Deutschland, wo ein solch unkritischer Rekurs auf eine zum Teil imaginierte Vergangenheit aufgrund des Zivilisationsbruchs des Holocausts kaum möglich erscheint, hat dieser Trend eine ganz besondere Wendung genommen. Die Vergangenheit wird hier in rechtspopulistischen Denkmustern nicht nur beschönigt und glorifiziert. Sie soll in gewisser Weise auch bereinigt werden. Vor allen Dingen Vertreterinnen und Vertreter der AfD bedienen diese Rhetorik. So forderte etwa der thüringische AfD-Vorsitzende Björn Höcke mit der Behauptung, im Moment werde «die deutsche Geschichte mies und lächerlich gemacht», eine «erinnerungspolitische Wende um 180 Grad».[53] Der ehemalige Bundesvorsitzende der Partei, Alexander Gauland, provozierte mit der Aussage, Hitler und die Nationalsozialisten seien «nur ein Vogelschiss» in 1000 Jahren deutscher Geschichte.[54] Und der ehemalige Bundestagsabgeordnete Jens Maier rief in einer öffentlichen Rede zum Widerstand auf gegen die «ganze gegen uns gerichtete Propaganda und Umerziehung, die uns einreden wollte, dass Auschwitz praktisch die Folge der Deutschen Geschichte wäre», und erklärte gleichzeitig «diesen Schuldkult» für beendet.[55] Damit gehen die Vertreter der AfD nicht so weit, den Holocaust zu leugnen, die Geschichte also völlig umzuschreiben, versuchen aber, ihn als Teil der Vergangenheit zu marginalisieren oder sogar zu ignorieren. Im Mittelpunkt ihrer kollektiven Imagination steht dann eine im Einzelnen nicht näher spezifizierte, verherrlichte deutsche Vergangenheit, in der die Schrecken der Shoah keinen wesentlichen Raum einnehmen.

Der allgemeine Trend, den Anderen, d. h. genaugenommen den Andersdenkenden, nicht mehr aushalten zu wollen, wird hier also übertragen auf die kollektive Vergangenheit. Das Unschöne wird ausgeblendet. So wie man die Auseinandersetzung mit anderen Menschen, die eine Relativierung der eigenen Person erfordert, nicht ertragen will, will man auch die Auseinandersetzung mit den Schattenseiten der kollektiven Geschichte, die eine Relativierung der glorifizierenden Erzählung erfordern, nicht aushalten. Das ist in gewisser Weise stringent in einer Denkweise, in der aus Übereinstimmung mit der eigenen Meinung die Gemeinschaft konstruiert wird und damit umgekehrt eine Kritik des Kollektivs auch als Angriff auf die eigene Person gedeutet wird. Dieses Denkmuster lässt sich beispielhaft in Äußerungen von AfD-Politikern, etwa der Bundestagsabgeordneten Christina Baum, nachvollziehen. In einer Wahlkampfrede im Jahr 2017 vertrat sie die Ansicht, durch die Indoktrination einer deutschen Kollektivschuld entstünden entwurzelte, orientierungslose, letztendlich mental verstörte Persönlichkeiten, bei denen Scham und Demütigung so tief säßen, dass sie nur noch einen Wunsch hätten: Deutschland und mit ihm das deutsche Volk aus dem Gedächtnis der Menschheit für immer verschwinden zu lassen.[56] Im Zentrum steht damit wiederum die eigene Person, ihr Selbstbild und die damit verbundene Selbstdarstellung nach außen.[57]

IV.
Zusammenfinden und Auseinanderdriften

Nun ist die Demokratie gegenüber der Tatsache, dass Menschen sich in starkem Maße für sich selbst interessieren, nicht blind. Sie ist zwar eine Form politischer Herrschaftsausübung, die in vielerlei Hinsicht auf höchst idealistischen Annahmen beruht. Und die Annahme, dass die Mitglieder der demokratischen Gemeinschaft sich gegenseitig als gleich akzeptieren und ertragen, gehört zweifelsohne zu solchen normativen Erwartungen, die sich schon immer nur eingeschränkt auf eine korrespondierende Realität stützen konnten. Allerdings existieren diese demokratischen Hoffnungen auch nicht allein im luftleeren Raum. Im demokratischen System sind an den verschiedensten Stellen Instrumente und Mechanismen angelegt, durch die die Mitglieder der demokratischen Gemeinschaft zusammenfinden und sich gegenseitig aushalten lernen sollen. Diese Mechanismen gilt es jedoch, vor dem Hintergrund der aktuellen gesellschaftlichen Entwicklungen neu zu lesen. Sie sind am präsentesten, wenn es im institutionellen Sinne darum geht,

miteinander zu regieren, also im engeren Bereich der Ausübung politischer Herrschaft, die überwiegend durch gewählte
Repräsentanten erfolgt. Auch im dazu vorgelagerten Bereich
politischer Kommunikation, in dem es darum geht, in der demokratischen Gemeinschaft miteinander zu reden, lassen sich
noch deutliche Prägungen ausmachen. Am losesten werden
die demokratischen Bindungen demgegenüber bei der elemen-
tarsten und trotzdem vielleicht anspruchsvollsten Art des Zusammenfindens in der Gemeinschaft, wenn es in einem weiten
Sinne darum geht, miteinander zu leben.

Miteinander regieren

Moderne Demokratien sind heute repräsentative Demokratien. Zwar binden auch diese in unterschiedlichem Ausmaß di-
rektdemokratische Elemente in ihr politisches Institutionen-
gefüge ein. Im Grundsatz aber sind die Zeiten der Agora als
räumlicher Mittelpunkt der Demokratie vorbei. Das Zusammenfinden aller Bürgerinnen und Bürger, um im eigentlichen,
engeren Sinne miteinander zu regieren, ist daher heute auf den
zeitgleichen Gang zum Wahllokal beschränkt. Daran ändern
auch die Rufe nach mehr direkter demokratischer Beteiligung
nichts, die seit den 1970er Jahren wellenförmig immer lauter
werden und nicht zuletzt aufgrund der entsprechenden Ansprüche populistischer Akteure im Moment wieder deutlich an
Konjunktur gewonnen haben.[1] Denn wie auch immer diese Beteiligung im Einzelnen aussehen soll, handelt es sich doch immer um Varianten von schriftlichen Befragungen, aber nicht

um eine Form von direkter Interaktion. Ein Miteinanderregieren im Sinne einer unmittelbaren Begegnung findet daher in allererster Linie vermittelt über die Repräsentanten in den Parlamenten statt. Beide Formen der demokratischen Herrschaftsausübung haben sich jedoch in der jüngeren Zeit in einer Weise gewandelt, die Auswirkungen auf das Einanderaushalten in der Demokratie haben muss.

Begegnungen an der Urne

Sowohl unser plastisches Bild als auch unsere rechtlichen Grundlagen der Parlamentswahl sind vom Ideal der sogenannten Urnenwahl geprägt. Zu wählen bedeutet in dieser Vorstellung vor allen Dingen, sich in ein Wahllokal zu begeben, dort höchst präsent in der Wahlkabine einen Wahlzettel auszufüllen und ihn danach in die Urne zu werfen. In den meisten Demokratien wird dieser Wahlakt an einem einzigen Tag zelebriert, der in Deutschland traditionell auf einen Sonntag fällt, um möglichst vielen Bürgerinnen und Bürgern ohne Konflikte mit ihrer Erwerbsarbeit eine Wahlteilnahme zu ermöglichen.

Diese Stimmabgabe vor Ort, die alle Wählerinnen und Wähler an die Urne bringt, sichert zunächst einmal die Integrität der Wahl, da sie im Vergleich zur Briefwahl deutlich weniger manipulationsanfällig ist. Auch die Öffentlichkeit der Wahl im Sinne öffentlicher Kontrollierbarkeit wird durch sie gestärkt, unterliegen doch die Wahlhandlungen im Wahllokal strikter Kontrolle durch die verantwortlichen Wahlvorstände und lassen sich auch durch die anwesenden Wählerinnen und Wähler beobachten. Schließlich sichert die Wahl in der Wahlkabine auch die Geheimheit der Wahl und damit letztlich die freie

Wahlentscheidung. Denn werden die Briefwahlunterlagen zu Hause ausgefüllt, lässt sich nicht nachvollziehen, ob bei der heimischen Wahlentscheidung nicht doch Einfluss von Familienangehörigen oder anderen nahestehenden Personen genommen wurde.[2] Damit werden durch die Urnenwahl elementare Voraussetzungen einer demokratischen Wahl praktisch abgesichert.

Die Bedeutung der Urnenwahl geht aber über diese Hilfsfunktionen hinaus. Der Gang (potentiell) aller Wählerinnen und Wähler am selben Tag zum Wahllokal, in dem nicht nach Alter, Geschlecht, Herkunft oder Einkommen unterschieden wird, macht über einen Effekt der Ritualisierung die Demokratie anschaulich und erfahrbar sowohl in ihrer grundlegenden Bedeutung als Herrschaft des Volkes als auch in ihrer besonderen Dimension als Stifterin ultimativer demokratischer Gleichheit.[3] Wie bei der Stimmzählung wird auch bei der Stimmabgabe vor Ort jede Wählerin und jeder Wähler strikt formal gleichbehandelt, wählt in der gleichen Kabine, benutzt den gleichen Stift, bekommt den gleichen Wahlzettel ausgehändigt und muss gegebenenfalls auch mit allen anderen in der genau gleichen Warteschlange stehen, um sein demokratisches Recht ausüben zu können.

Die Art und Weise, wie sich die Wählerinnen und Wähler im Wahllokal begegnen, wie sie aufeinandertreffen und miteinander konfrontiert werden, bleibt dabei allerdings eine etwas eigenwillige Form des Zusammenfindens. Denn sie beruht auf einem Spannungsverhältnis zwischen der Sichtbarkeit der Anderen, dem Zusammentreffen am selben Ort einerseits und der Unsichtbarkeit der Wählenden beim eigentlichen Wahlakt andererseits, der hinter den Wänden der Wahlkabine verborgen bleibt.[4] Die Gemeinsamkeit und Gemeinschaftlichkeit wird hier also allein durch die gleichzeitige Anwesenheit am selben Ort zum selben Zweck gestiftet, nicht aber durch eine unmittelbar als solche erkennbare gemeinsame Handlung. Erst dadurch, dass gedanklich alle Einzelhandlungen zusammengezogen werden, entsteht die Wahl als einheitliches kollektives Geschehen.[5] Und trotzdem, bei aller Vereinzelung, vermittelt doch die Stimmabgabe vor Ort jeder Wählerin und jedem Wähler ein Bild von der Wahl, den Eindruck, Teil eines Gesamtgeschehens zu sein, und nicht zuletzt auch eine unmittelbare Begegnung mit anderen Mitgliedern der demokratischen Gemeinschaft, die mit einer Konfrontation unter egalitären Bedingungen verbunden ist. Es mag eine ungewöhnliche Form des Zusammentreffens sein, aber es handelt sich doch um ein Zusammenfinden im demokratischen Sinn.

Dieses Zusammentreffen ist selten absolut alternativlos. In Deutschland etwa ist seit der Bundestagswahl 1957 die Stimmabgabe per Briefwahl zugelassen.[6] Dabei war diese Möglichkeit zunächst an die Bedingung geknüpft, dass die Wählerin oder der Wähler einen besonderen Grund für die Abwesenheit am Wahltag geltend machen konnte – Urlaub etwa, Krankheit oder berufliche Verpflichtungen. Das Vorliegen eines solchen Grundes musste gegenüber der Wahlbehörde versichert werden. Im Jahr 2008 hat der Bundesgesetzgeber diese Einschränkung jedoch zurückgenommen. Seitdem steht die Briefwahl gleichberechtigt neben dem Gang ins Wahllokal und ist von keinen zusätzlichen Voraussetzungen mehr abhängig. Das Bundesverfassungsgericht hat diese gesetzgeberische Entscheidung trotz der damit verbundenen Einbußen im Hinblick auf die Integrität, Kontrollierbarkeit und Geheimheit der Wahl mit dem Argument gebilligt, die Zulassung der allgemeinen Briefwahl diene dem Ziel, eine möglichst umfassende Wahlbeteiligung zu erreichen und damit dem Grundsatz der Allgemeinheit der Wahl Rechnung zu tragen.[7]

Das Ziel, mit der Freigabe der Briefwahl die Wahlbeteiligung zu erhöhen, hat sich allerdings in der Praxis nicht realisiert. Bei der Bundestagswahl 2009 erreichte die Wahlbeteiligung mit 70,8% vielmehr einen historischen Tiefstand, der zwar in keinem kausalen Zusammenhang mit der Freigabe der Briefwahl stehen dürfte, durch diese aber auch nicht verhindert wurde. Zwar stieg die Wahlbeteiligung danach wieder leicht an, erreichte aber auch im Jahr 2021 noch nicht wieder den Stand des Jahres 2005 vor Änderung der Briefwahlbedingungen.[8]

Tatsächlich beständig zugenommen hat im gleichen Zeitraum allerdings der relative Anteil der Briefwählerinnen und -wähler. Lag er vor der gesetzlichen Neuregelung noch bei 18,7%, kletterte er bei den nachfolgenden Bundestagswahlen zunächst auf 21,4%, dann auf 24,3% und betrug schließlich bei der Wahl 2017 28,6%. Eine Zäsur in dieser kontinuierlichen Entwicklung stellt die Bundestagswahl 2021 dar. Aufgrund der besonderen Bedingungen einer Wahl während der Corona-Pandemie stimmten fast die Hälfte der Wählerinnen und Wähler mittels Briefwahl ab.[9] Dieser Verstärkereffekt der Pandemie für Entwicklungen, die sich schon zuvor abgezeichnet haben, macht deutlich, wie fragil das umfassende Zusammenfinden der demokratischen Gemeinschaft an der Wahlurne geworden ist.

Es wird sich in den nächsten Jahren zeigen, welche mittelfristigen Wirkungen dieser plötzliche pandemiebedingte Boom der Briefwahl hat, ob sich also der Trend zur Abkehr von der Wahlurne weiter verstetigt oder nach der Pandemie wieder eine Normalisierung – wenn auch auf immer noch hohem Niveau – stattfindet. Je spärlicher allerdings die demokratische Begegnung an der Wahlurne wird, je seltener die demokratische Gleichheit durch den Besuch im Wahllokal unmittelbar veranschaulicht und erlebbar wird, desto dringender wird die Frage, inwiefern die demokratische Hoffnung des Zusammenfindens der Wählerinnen und Wähler an der Urne noch erfüllt werden kann. Sollte die Bereitschaft, dem Anderen an der Wahlurne zu begegnen, weiter kontinuierlich abnehmen, würde sich daher zunehmend das Problem stellen, auf welche Weise sonst die Demokratie, ihr Gleichheitsversprechen und ihre Gleichheitszumutung sichtbar und erlebbar gemacht werden können.

Begegnungen im Parlament

Je prekärer die Begegnung an der Wahlurne wird, desto bedeutsamer wird umgekehrt die demokratische Begegnung dort, wo sie alltäglicher und in gewisser Weise unausweichlicher ist: im Plenum des Parlaments. Das Parlament als Zusammenkunft der demokratisch gewählten Abgeordneten steht wie nichts anderes als Bild für die Versammlung der demokratischen Gemeinschaft, die zwar nicht in ihrer Gänze zusammentreten und sichtbar gemacht werden kann, aber eben durch die gewählten Volksvertreter repräsentiert wird. Diesem Zusammentreten als Versammlung liegt etwas im körperlichen Sinne Unausweichliches zugrunde. Um ihre demokratische Aufgabe zu erfüllen, müssen die Abgeordneten am selben Ort zusammenkommen, müssen sich physisch in den Plenarsaal begeben und hier ihre Reden halten, ihre Stimmen abgeben und den Beiträgen der politischen Gegner zuhören.[10] Damit sind die Abgeordneten in einer höchst unmittelbaren Weise dazu verdammt, die Präsenz der anderen Parlamentarier aushalten zu müssen.

Diese Intensität der physischen Begegnung zeigte sich exemplarisch an zwei Fällen unmittelbar nach der Bundestagswahl 2021. Das erste Beispiel betrifft die Maßnahmen zum Infektionsschutz im Bundestagsplenum. Noch vor der ersten Sitzung des neuen Bundestags wollte der scheidende Bundestagspräsident Wolfgang Schäuble im Plenarbereich die sogenannte 3G-Regel einführen, den Zutritt also auf solche Abgeordnete beschränken, die entweder gegen das Corona-Virus geimpft sind, eine Covid-19-Erkrankung durchlaufen haben oder einen aktuellen negativen Corona-Test vorlegen können. Auf diese Weise sollte es insbesondere ermöglicht werden, bei vertretbarem Risiko die Abstandsregeln im Plenum aufzuheben und so überhaupt den Platz zu schaffen, damit die Abgeordneten in vollständiger Besetzung insbesondere auch an der konstituierenden Sitzung des neuen Bundestags nach der Wahl teilnehmen konnten.[11] Da es verfassungsrechtlich jedoch zweifelhaft war, ob man Abgeordneten auf diese Weise den Zugang zum Plenum und damit ihre Mitwirkung am parlamentarischen Geschehen verwehren kann, fand man zunächst den Kompromiss, dass die 3G-Regel nur im eigentlichen, ebenerdigen Plenarbereich Anwendung fand, allen Abgeordneten, die sich dieser Regel nicht unterwerfen wollten (in der Praxis allein Abgeordneten der AfD-Fraktion), aber die Teilnahme an der Sitzung auf einer extra zu diesem Zweck reservierten Besuchertribüne ermöglicht wurde, wo die entsprechenden Abstandsregeln eingehalten werden konnten.[12] Im Februar 2022 wurden diese Maßnahmen sogar noch verschärft. Zugang zum eigentlichen Plenarbereich erhielten jetzt nur noch Personen, die genesen oder zwei Mal geimpft waren und zusätzlich einen aktuellen Antigen-Schnelltest oder eine Auffrischungsimpfung nachweisen konnten. Auf der Tribüne durften auch Abgeordnete nur noch Platz nehmen, wenn sie einen aktuellen negativen Corona-Test nachweisen konnten.[13] Ob diese Form des Ausschlusses ungetesteter Bundestagsabgeordneter vom Plenargeschehen verfassungsrechtlich zulässig war, wird auf Antrag der AfD-Fraktion vom Bundesverfassungsgericht überprüft.

Das zweite Beispiel betrifft ebenfalls im Schwerpunkt die AfD und die körperliche Nähe zu ihren Vertretern, bezieht sich allerdings eher auf Fragen der mentalen denn der medizinischen Hygiene. Bereits zu Beginn der Legislaturperiode im Jahr 2021 meldete nämlich die FDP-Fraktion an, dass sie ihren aus der letzten Legislaturperiode übernommenen Platz im Plenum rechts von der Unionsfraktion, links von der AfD-Fraktion tauschen wollte, um in Zukunft zwischen Unionsfraktion und SPD zu sitzen. Maßgeblich dafür waren zwei Gründe. Zum einen wollte die Fraktion aus symbolischen Gründen stärker ins Zentrum rücken, um im räumlichen Sinne ihren Anspruch zu untermauern, für die Mitte der Gesellschaft zu stehen. Zum anderen mochten die liberalen Parlamentarier aber schlicht die räumliche Nähe zu den AfD-Abgeordneten nicht mehr ertragen, ihr aggressives Zischen, Tuscheln und Dazwischenrufen, die Beleidigungen, die Schmähungen und die verbalen sexuellen Übergriffe.[14] So menschlich verständlich dieses Bedürfnis einerseits war, so unmöglich war es doch, diesen Belang politisch überzeugend zu formulieren. Denn es bricht auf sehr grundlegende Weise mit der Vorstellung der demokratischen Gleichheit der Abgeordneten in dem Sinne, dass diese als demokratisch gewählte Repräsentanten im Parlament auch körperlich ertragen werden müssen. Wollte man trotzdem aufgrund der besonderen Aggressivität der AfD-Politikerinnen und -Politiker ein Bedürfnis an psychologischer Entlastung von den vulgären Dauerangriffen von rechts anerkennen, so müsste die Lösung in einem auf Gleichheit ausgerichteten demokratischen Parlament vermutlich in einem Rotationssystem liegen, bei dem die Last, neben den Rechtspopulisten sitzen zu müssen, auf alle demokratischen Fraktionen gleichmäßig verteilt wird. Dies würde allerdings die überkommene politisch-symbolische Bedeutung der Sitzordnung im Plenum vollständig aus den Angeln heben.

Im Angesicht dieses Dilemmas behalf sich der entsprechende Antrag der Fraktionen aus der Ampel-Koalition damit, eine Begründung für die Änderung der Sitzreihenfolge ganz auszusparen.[15] In der entsprechenden Plenardebatte tauchten die eigentlichen Motive nur an einer Stelle und sehr beiläufig als etwas auf, von dem alle wissen, das aber niemand wirklich aussprechen will.[16] Ansonsten diskutierte man vor allen Dingen über symbolische Reihenfolgen und Beharrlichkeiten parlamentarischer Tradition. Ironischerweise war es dann der Redner aus der AfD-Fraktion selbst, der das Thema des Aushalten-müssens als Einziger intensiv zum Gegenstand seiner Rede machte, dabei allerdings die schlecht verborgene Intention des Antrags unter Verdrehung aller Tatsachen in ihr Gegenteil verkehrte: Unter wüsten Beschimpfungen der FDP-Fraktion erklärte er, die AfD wolle auch nicht mehr neben der FDP-Fraktion sitzen, nicht zuletzt, um auf diese Weise die AfD-Abgeordneten vor sexistischen Angriffen und sexuellen Belästigungen zu schützen.[17]

Diese – im Ton nicht unüblichen – Entgleisungen der AfD-Fraktion, die den politischen Gegner körperlich nicht neben sich aushalten will, stehen nicht nur im Einklang mit den beschriebenen Grundlagen ihres populistischen Politikmodells im Allgemeinen. Sie passen auch in besonderer Weise zum sonstigen Verhalten der Fraktion im Plenum. Denn seit ihrem Einzug in den Bundestag im Jahr 2017 hat die Fraktion dort eine höchst eigenwillige kommunikative Technik entwickelt, um der Unausweichlichkeit der körperlichen Präsenz zumindest teilweise zu entkommen, indem sie das Plenum nicht mehr als Interaktionsraum begreift, sondern als reine Bühne missbraucht. Dies ist vor allen Dingen durch die Inszenierung in den sogenannten sozialen Medien möglich, die in der Wahrnehmung einer zunehmend großen Anzahl von Bürgerinnen und Bürgern die Fernsehübertragung der Plenardebatten in voller Länge weitgehend ersetzt. Die körperliche Anwesenheit der Abgeordneten im Plenum wird dann insbesondere bildlich in Szene gesetzt, um sich von den anderen Fraktionen und deren tatsächlich oder vermeintlich geringerer Anwesenheit im Plenum positiv abzusetzen.[18]

Vor allem aber wird die Unausweichlichkeit der Präsenz dadurch umgangen, dass Vertreterinnen und Vertreter der Fraktion ihre Redebeiträge zwar noch im Plenum vortragen, sich aus der kommunikativen Situation des Parlaments aber herauslösen und im Wesentlichen für die kurzen Videos posieren, die später in den sozialen Medien verbreitet werden. Ein noch vergleichsweise schuljungenhaft harmloses Beispiel bot etwa gleich zu Beginn seiner ersten Legislaturperiode der AfD-Abgeordnete Stephan Brandner, der seine Rede mit einem Gruß an seinen Sohn vom Rednerpult aus beschloss.[19] Noch deutlicher wurde die kommunikative Abkoppelung bei einem Auftritt des AfD-Abgeordneten Thomas Seitz im Juni 2018. In einer Geschäftsordnungsdebatte zu Beginn der Sitzung, in der es um die Änderung der Tagesordnung ging, trat er ans Rednerpult und wollte seine Redezeit für eine nicht abgesprochene Schweigeminute an ein von einem Asylbewerber ermordetes 14-jähriges Mädchen nutzen.[20] Die Bundestagsvizepräsidentin brach dieses Schauspiel unter Verweis auf das aufgerufene Thema ab. Ihre Bitte, sich an die Regularien der Debatte zu halten, quittierten die anderen Fraktionen mit Applaus. In den AfD-nahen Medien und sozialen Netzwerken wurde diese Reaktion wiederum als Verachtung nicht nur für den Abgeordneten Seitz, sondern auch für das ermordete Mädchen gebrandmarkt.[21] Die Anwesenheit der Anderen ist hier nichts anderes mehr als eine Möglichkeit, Empörung angesichts der eigenen Provokation hervorzurufen. Diese Provokation lässt sich dann wiederum als Angriff umdeuten, um sich selbst als Opfer zu inszenieren.

Die letzte Steigerung dieser Taktik, das Einanderaushalten im Plenum kommunikativ zu umgehen, lässt sich schließlich bei Abgeordneten der AfD-Fraktion beobachten, die am Rednerpult den Kanzler oder einen Minister ansprechen, obwohl die betroffene Person gar nicht im Plenarsaal anwesend ist. Auf den Videobildern, die meist nur die Person am Rednerpult zeigen, lässt sich diese Ansprache ins Leere nicht erkennen, auch im offiziellen Plenarprotokoll wird sie nicht vermerkt. Ohne den Zwang der tatsächlichen Begegnung lässt sich auf diese Weise für die mediale Selbstinszenierung in den sozialen Netzwerken eine politische Konfrontation vortäuschen, die überhaupt nicht stattgefunden hat. Das Zusammenfinden wird also nur vorgespielt, um sich als kommunikativer Kämpfer zu inszenieren, ohne die Auseinandersetzung tatsächlich auszuhalten.

Diese gespenstischen Formen des Umgangs im Plenum sind zwar einerseits irritierend bis beunruhigend. Die grundlegende

Funktion des Parlaments, ein demokratisches Zusammenfinden jedenfalls der gewählten Repräsentanten zu organisieren, vermögen sie andererseits aber doch nicht wirklich infrage zu stellen. Als wie stabil sich diese Funktion zumindest zum Teil erweist, zeigen im Übrigen auch die Erfahrungen aus der Corona-Pandemie. Als im Zuge des ersten Lockdowns der damalige Bundestagspräsident Wolfgang Schäuble öffentlich anregte, das Bundestagsplenum möglicherweise durch eine Art Notausschuss zu ersetzen, ein kleines, nicht öffentliches Gremium, das an die Stelle des öffentlich tagenden Bundestags treten sollte, fand dieser Vorschlag am Ende wenig Unterstützung. Auch vorsichtige Ideen, das parlamentarische Geschehen in größerem Umfang in den digitalen Raum zu verlegen, wurden jedenfalls für das Parlamentsplenum nicht weiterverfolgt.[22] Damit blieb dem Parlament in seinem ganz ursprünglichen Sinne eine Repräsentationsfunktion erhalten, die gerade in Zeiten der Pandemie eine völlig neue Dimension gewann. Denn durch die ergriffenen infektionsschutzrechtlichen Maßnahmen wurde das gesellschaftliche Leben sehr plötzlich größtenteils zum Erliegen gebracht. Alle sozialen Orte von Kirchen bis Cafés wurden temporär bewusst aus Gründen des Gesundheitsschutzes zerstört. Die öffentliche Zusammenkunft des Parlaments gewann auf diese Weise eine völlig neue Ebene von Repräsentativität. Die gemeinsame Anwesenheit von wenigen trat mehr denn je an die Stelle der abwesenden Vielen, die in eine Zwangsprivatheit abgedrängt waren und sich deshalb kaum noch sinnlich als demokratische Gemeinschaft erleben konnten. Die Parlamentarier versammelten sich und diskutierten also in Zeiten miteinander, in denen den Bürgerinnen und Bürgern diese Art der Zusammenkunft gerade weitestgehend verwehrt war.[23]

Dass auf diese Weise nicht nur die Anschauung der Demokratie lebendig bleibt, sondern durch das direkte, persönliche Zusammentreffen auch die Einhaltung demokratischer Verfahren gesichert wird, zeigt anschaulich ein Seitenblick auf die Situation der politischen Parteien und ihrer Parteitage, für die in der Corona-Pandemie gerade nicht uneingeschränkt an der Maßgabe der Präsenzversammlung festgehalten wurde. Vielmehr ermöglichte es der Gesetzgeber den Parteien für einen befristeten Zeitraum, ihre Parteitage auch in digitalen bzw. hybriden Formaten abzuhalten und dabei etwa auch Vorstandswahlen durchzuführen – sofern das Ergebnis später durch eine Briefwahl bestätigt wurde.[24] Von dieser Möglichkeit machte etwa die CDU Gebrauch, als sie Anfang des Jahres 2021 einen neuen Vorsitzenden wählte. Nachdem Angela Merkel sich von der Parteispitze zurückgezogen hatte und Annegret Kramp-Karrenbauer nach einem eher glücklosen Jahr als Vorsitzende ursprünglich von diesem Amt zurücktreten wollte, aufgrund der Corona-Pandemie aber noch fast ein weiteres Jahr als Interimsvorsitzende bis zum nächsten regulären Parteitag im Amt geblieben war, handelte es sich um eine politisch höchst entscheidende Wahl – nicht zuletzt deshalb, weil mit dem CDU-Vorsitz eine gewisse Anwartschaft auf die Kanzlerkandidatur der Union bei der Bundestagswahl im selben Jahr verbunden war. Anders als bei den meisten vorherigen Parteitagen, bei denen die Vorsitzendenfrage bereits durch Absprachen im Vorfeld des Parteitags faktisch geklärt war, gab es hier deshalb auch ein offenes Rennen mit drei Kandidaten, über die im demokratischen Verfahren bestimmt werden musste.

Der Parteitag, als hybride Veranstaltung inszeniert, bei der allein die Parteispitze und die Kandidaten in einer Messehalle anwesend waren, die Delegierten aber nur online teilnehmen konnten, hinterließ am Ende allerdings eher den Eindruck einer Fernsehshow aus dem Abendprogramm der alten Bundesrepublik als den einer demokratischen Veranstaltung. Der damalige Generalsekretär Paul Ziemiak führte im Stile eines Fernsehmoderators auf einer Bühne durch die Veranstaltung und sagte herkömmliche Tagesordnungspunkte genauso launig an wie die immer wieder eingespielten Videoclips. «Live aus dem CDU-Studio in Berlin!», schallte es als Zwischenansage immer wieder durch das Programm. Die Bekanntgabe des Wahlergebnisses der Vorsitzendenwahl erinnerte stark an das Telefonvoting von Samstag-Abend-Shows, nur dass eben nicht Deutschlands nächster Superstar gekürt wurde, sondern der Vorsitzende der Christlich Demokratischen Union. Sehr grundlegende demokratische Mindeststandards wie die Wahl des Tagungspräsidiums, die Abstimmung über die Tagesordnung oder die Wahl einer Kommission, die die Stimmabgabe kontrolliert, wurden hingegen schlicht von der Tagesordnung gestrichen, obwohl sie nicht nur demokratisch erforderlich sind, sondern auch von den eigenen Binnenregeln der Partei explizit gefordert werden.[25] Ohne in der Tagesordnung explizit erwähnt zu werden, wurden alle notwendigen Abstimmungen (rechtlich durchaus zweifelhaft) in einem einzigen Vorgang zusammengefasst und den Delegierten zur Entscheidung vorgelegt – nicht ohne zu betonen, dass Wortmeldungen hierzu in der 75-jährigen Geschichte der Partei ein absolutes Novum wären.

Dieses Beispiel zeigt, wie das Fehlen der direkten Begegnung und der direkten Auseinandersetzung tendenziell autoritäre und undemokratische Strukturen begünstigt, weil mit dem fehlenden Aufeinandertreffen der eigentlichen demokratischen Entscheider untereinander und der damit verbundenen Vereinzelung offensichtlich sowohl das Gefühl für demokratische

Routinen als auch der Wille, Widerstand gegen entsprechende von oben oktroyierte Verfahren zu leisten, mindestens geschwächt werden. In rein praktischer Hinsicht kommt hinzu, dass auch die tatsächliche Möglichkeit, gegen ein solches Vorgehen zu protestieren, technisch bei nahezu null liegt. Denn während bei einem Präsenzparteitag den Delegierten ein breites Spektrum an Mechanismen zur Verfügung steht, um ihren Unmut kundzutun, indem sie sich – auch gegen den Willen der Parteitagsregie – durch Murren, Tuscheln, Rufen, Buhen oder Ähnliches körperlich bemerkbar machen, ist in einem digitalen Format die Möglichkeit, sich Gehör zu verschaffen, uneingeschränkt davon abhängig, dass man vom Host der Veranstaltung für einen Beitrag freigeschaltet wird. Auf diese Weise wird die Menge, die ja gerade nur noch eine Vielzahl von Einzelnen ist, hervorragend kontrollierbar.

Nun wird man diese zweifelhaften Entwicklungen gewiss nicht allein auf das Medium schieben können. So lassen sich bei der CDU auch schon bei den rein analogen Parteitagen Traditionen ausmachen, die nicht unbedingt für ein offenes demokratisches Verfahren stehen, etwa, wenn bei der Vorsitzendenwahl der Vorschlag (und nur im absoluten Ausnahmefall: die Vorschläge) vom Parteitagspräsidium schlicht verkündet wird, ohne den Vorschlagenden zu benennen und ohne dass weitere, spontane Kandidaturen zugelassen würden. Umgekehrt führten sowohl SPD als auch Die Linke im Jahr 2021 ihre Bundesparteitage inklusive Neuwahl der Vorsitzenden in einem Hybridformat durch, ohne dass auf entsprechende demokratische Verfahren und ihre Aufnahme in die Tagesordnung verzichtet wurde.[26] Auch das übrige Arrangement war hier deutlich stärker an herkömmliche Parteitagsstrukturen angelehnt und in viel geringerem Maße an die mediale Logik der audiovisuellen

Übertragung angepasst. Allerdings waren bei diesen beiden Parteitagen auf der linken Seite des Parteienspektrums auch nicht konsequent alle Teilnehmer und Teilnehmerinnen jenseits von Präsidium und Vorsitzendenkandidaten aus der Parteitagshalle verbannt, so dass jedenfalls in sehr kleinem Umfang ein Publikum vor Ort die Veranstaltung in Präsenz begleitete. Der formale Abbau demokratischer Standards ist daher zwar nicht zwingend im Medium selbst angelegt, wird aber durch das fehlende tatsächliche Aufeinandertreffen deutlich begünstigt.

Enttäuschte Hoffnungen: Wenn das Zusammenfinden scheitert

All diese teils erfüllten, teils enttäuschten demokratischen Hoffnungen des Aufeinandertreffens und Zusammenfindens, die schließlich doch in einem gemeinsamen Regieren münden, setzen allerdings voraus, dass die Mitglieder der demokratischen Gemeinschaft, die Bürgerinnen und Bürger, zu diesen Begegnungen bereit sind und sich zu ihnen berufen fühlen. Für einen nicht ganz unerheblichen Teil der (Wahl-)Bevölkerung ist diese Voraussetzung jedoch mittlerweile nicht mehr erfüllt. Besonders plastisch lässt sich dies an der Wahlbeteiligung erkennen. Sie gibt Aufschluss darüber, wie viele Bürgerinnen und Bürger ihr elementarstes demokratisches Recht wahrnehmen und sich daher in einem minimalistischen Sinne als Teil der demokratischen Gemeinschaft einbringen wollen. Erreichte die Wahlbeteiligung zur Bundestagswahl in den Jahren 1972 und 1976 noch Spitzenwerte von über 90%, liegt sie mittlerweile nur noch bei etwa 76%. Fast ein Viertel der Wählerinnen und Wähler macht also von ihrer oder seiner demokratischen Mitbestimmungsmöglichkeit keinen Gebrauch und nimmt sich damit in gewisser Weise selbst aus der demokratischen Gemeinschaft heraus. Bei den Landtagswahlen liegen diese Quoten noch einmal niedriger. So gaben bei den jeweils letzten Wahlen zu den Landesparlamenten in Berlin zwar mehr als 75 % der Wahlberechtigten ihre Stimme ab und bildeten damit die Spitze der Wahlbeteiligungsquoten in den Ländern. In Sachsen-Anhalt am anderen Ende der Skala galt dies allerdings nur für gerade einmal 60 % der zur Wahl Aufgerufenen.

Dabei lässt sich die Entwicklung der Wahlbeteiligung nicht allein als reine Verlustgeschichte erzählen. Zwar sind die Spitzenwerte aus den 1970er Jahren heute in weite Ferne gerückt. Allerdings zeichnet sich nach einem Tiefstand bei den Bundestagswahlen des Jahres 2009 bei knapp über 70 % Wahlbeteiligung mittlerweile wieder ein kontinuierlicher Anstieg ab. Sowohl diese Entwicklung als auch die Zahlen aus den 70er Jahren könnten daher die These stützen, dass eine hohe Wahlbeteiligung jedenfalls auch in starkem Maße ein Anzeichen für eine erhöhte Polarisierung der politischen Landschaft ist.[27]

Nichtsdestotrotz zeigt ein Nichtwähleranteil, der etwa ein Viertel der Wahlbevölkerung erfasst, auch ein gewisses Enttäuschungs- bzw. Fremdheitsphänomen innerhalb der Demokratie an, das sich aus zwei Seiten zusammensetzt. Offensichtlich ist dies bei den Bürgerinnen und Bürgern, die von ihrem demokratischen Wahlrecht keinen Gebrauch machen. Zwar wird es sich nicht bei allen von ihnen um enttäuschte Demokraten handeln, die der Wahl bewusst den Rücken zugewandt haben. Aber auch bei denjenigen, die die Wahl für sich schlicht nicht als relevant begreifen und deshalb nicht an ihr teilnehmen, ist eine gewisse Fremdheit mit dem demokratischen System erkennbar, die entweder in einer schleichenden Entfremdung

oder aber von Anfang an in einer fehlenden Vertrautheit und/
oder Überzeugungskraft begründet liegt.

So klar diese Seite der Distanzierung zwischen Nichtwählern und Demokratie ist, so vielschichtig ist umgekehrt die andere Seite dieses Enttäuschungsverhältnisses, also die Frage,
inwiefern die Hoffnungen, die das demokratische System sei-
nerseits zum Ausdruck bringt, durch eine bestimmte Nicht-
wählerquote enttäuscht werden können. Zwar formuliert die
Demokratie keine explizite Erwartung an das Wahlverhalten
der Bürgerinnen und Bürger und damit auch nicht an die
Wahlbeteiligung. Wenn ihr aber das Ideal der Selbstbestimmung zugrunde liegt, dann kann das demokratische System
aus sich heraus nur Glaubwürdigkeit entwickeln, wenn auch
ein relevanter Teil der demokratischen Gemeinschaft von dieser Möglichkeit der Selbstbestimmung Gebrauch macht und
sich nicht in die Fremdbestimmung durch andere Wählerinnen und Wähler zurückzieht. Ab wann aber eine Nichtwähler-
quote das Ideal der Selbstbestimmung tatsächlich in Frage
stellt, lässt sich schwer quantifizieren. Denn wenn man davon
ausgeht, dass die demokratische Freiheit grundsätzlich auch
die Freiheit zur Nichtwahl beinhaltet,[28] dann handelt es sich
bei der Entscheidung, seine Stimme nicht abzugeben, erst einmal um ein aus demokratischer Sicht völlig unproblematisches
Phänomen. Insbesondere bleibt durch sie auch das demokratische Gebot strikt formaler Gleichheit vollkommen unberührt,
da ja die gleiche Möglichkeit zur Stimmabgabe besteht, diese
nur eben aufgrund freier Entscheidung nicht gleichermaßen
von allen Berechtigten genutzt wird.

Und trotzdem muss eine zu geringe Zahl an Wählern ab
einem nicht exakt zu vermessenden Punkt am Fundament der
demokratischen Gemeinschaft rütteln. Das liegt zunächst da-

ran, dass sie die notwendige Zumutung der Demokratie, das Aushaltenmüssen der Anderen, massiv reduzieren kann. Dabei handelt es sich nicht allein um ein quantitatives Problem in dem Sinne, dass bei einer geringeren Anzahl von Mit-Wählenden die eigene Stimme prozentual einen höheren Anteil an der demokratischen Entscheidungsfindung hat. Vielmehr zeigt sich auf empirischer Ebene auch ein qualitatives Problem. Denn bei den Nichtwählern handelt es sich überproportional um Menschen mit unterdurchschnittlichem Einkommen und unterdurchschnittlichem formalen Bildungsniveau.[29] Je höher der Nichtwähleranteil ist, desto homogener wird daher die Gruppe der Wähler im Hinblick auf diese beiden zentralen soziodemographischen Merkmale. Dies führt dazu, dass die Interessen der unteren Einkommens- und Bildungsschichten im politischen System deutlich unterdurchschnittliches Gewicht haben.

Damit wird nicht nur das Ideal der demokratischen Selbstbestimmung aller in Frage gestellt, weil deutlich wird, dass die formale demokratische Gleichheit eben nicht automatisch zu einer materiellen Gleichheit innerhalb des politischen Prozesses wird. Eine geringe Wahlbeteiligung macht auch die Fremdheit eines relevanten Teils der Wahlbevölkerung mit den demokratischen Verfahren anschaulich. Damit ist sie sichtbarer Ausdruck von fehlender Akzeptanz der demokratischen Mechanismen in genau diesem Bevölkerungsanteil und gleichzeitig Ursache für eine weiter abnehmende Akzeptanz in der Gesamtbevölkerung. Denn genau wie andere Herrschaftsformen jenseits von gewaltsamen Unterdrückungsregimen lebt die Demokratie davon, dass sie von den durch sie Regierten als legitim anerkannt wird.[30] Je deutlicher wird, dass ein nicht unerheblicher Teil der Bevölkerung das demokratische Versprechen für sich nicht als relevant betrachtet, desto größer ist die

Gefahr, dass insgesamt die Zweifel an der Legitimität der demokratischen Herrschaftsform wachsen.

Gerade in jüngerer Zeit geht dabei allerdings die dringendere Gefahr für die Demokratie weniger von dieser passiven Gruppe der Nichtwähler aus, die sich nicht zusammenfindet, sondern in der Vereinzelung verschwindet. Beunruhigender erscheint vielmehr die Entwicklung einer kleinen, sich zunehmend radikalisierenden Minderheit, die das bestehende demokratische System grundlegend in Frage stellt und dabei mitunter auch vor Gewalt nicht zurückschreckt. Einen Extremfall stellt dabei die sogenannte Reichsbürgerszene dar. In dieser Szene finden sich schon seit einigen Jahren Gruppen und Einzelpersonen zusammen, die die Bundesrepublik Deutschland als legitime staatliche Ordnung nicht nur ablehnen, sondern schlicht als inexistent betrachten. Jegliche Maßnahmen öffentlicher Gewalt werden daher von ihnen als illegitime Gewaltherrschaft angesehen. Stattdessen gehen sie – unter Zuhilfenahme sehr unterschiedlicher und in aller Regel wenig konsistenter ideologischer Versatzstücke – davon aus, dass das Deutsche Reich, das mit der Bundesrepublik Deutschland nicht identisch sein soll, fortexistiere und lediglich im Moment ohne politische Führung sei. Diese angenommene Führungslosigkeit eröffnet dann die Möglichkeit, eigene, alternative, in aller Regel als «provisorisch» gekennzeichnete politische Führungsmodelle zu erdichten, in denen die Protagonisten der jeweiligen Szene sich selbst zu Vertretern erfundener Regierungen erklären.[31] Es handelt sich also um eine Form des Zusammenfindens, die in erster Linie den Zweck hat, den gemeinsamen demokratischen Verband mit dem Rest der Gesellschaft zu verlassen.[32] Dieser Anspruch wird mitunter auch gewaltsam durchgesetzt. Prominentestes Beispiel dafür ist etwa eine Auseinandersetzung im fränkischen Georgensgmünd im Jahr 2016, bei der der Reichsbürger Wolfgang P. einen Polizisten erschoss.

Teile dieser schon etwas älteren Muster[33] vermischen sich aktuell mit einer jüngeren Bewegung, die im Rahmen der Proteste gegen die Corona-Maßnahmen aufgekommen ist. Hier hat sich seit Einführung der infektionsschutzrechtlichen Beschränkungen für das öffentliche Leben eine diffuse Szene entwickelt, die in zunehmendem Maße nicht nur inhaltlich die entsprechenden politischen Beschlüsse ablehnt, sondern vielmehr die demokratischen Entscheidungen grundlegend als illegitim darstellt. Hinzu kommt, dass die Verbreitung von solchen Verschwörungsmythen hier eine nicht unerhebliche Rolle spielt, die entweder die politischen Entscheidungszusammenhänge selbst oder aber die naturwissenschaftlichen Erkenntnisgrundlagen dieser Entscheidungen betreffen.

Auch in dieser Szene kommt es vermehrt zu Gewalttaten. Ein Extremfall stellt dabei etwa die Tötung eines Tankstellenmitarbeiters in Idar-Oberstein im September 2021 dar, der von einem Kunden erschossen wurde, nachdem er diesen auf die geltende Maskenpflicht hingewiesen hatte. Aber auch unterhalb dieser Art von tödlicher Eskalation ist eine deutliche Gewaltbereitschaft zu erkennen, die von tätlichen Angriffen insbesondere bei der Kontrolle von Corona-Regeln bis hin zur gewaltsamen Durchbrechung von Polizeiabsperrungen bei entsprechenden Demonstrationen reichen. Gerade solche Protestversammlungen machen dabei deutlich, wie hier die Begegnung mit Gleichgesinnten gezielt eingesetzt wird, um jedenfalls in Teilen auch den demokratischen Prozess, die darauf beruhende rechtliche Ordnung und die Legitimität der Mehrheitsentscheidung zu unterminieren. Dies betrifft schon den formalen Rahmen der Zusammenkünfte, die häufig gezielt als «Spaziergänge» getarnt werden, um so die rechtlichen Vorschriften über Versammlungen, insbesondere unter den besonderen Bedingungen der Pandemie, zu unterlaufen. Besonders brisant wird dies, wenn die Szene dabei sogar Unterstützung von parlamentarischen Akteuren aus dem demokratischen Spektrum selbst erhält. So veröffentlichte die AfD-Fraktion im Thüringer Landtag Ende des Jahres 2021 auf ihrer Facebook-Seite Hinweise, wie man Versammlungen am besten als «Spaziergänge» tarnen und polizeiliche Kontrollen erschweren könne.[34] Vor dem Hintergrund dieser diffusen, zurzeit auch im Einzelnen noch nicht genau quantifizierbaren, trotzdem aber jedenfalls in Teilen erkennbar gegen die demokratische Ordnung gerichteten Bewegung werden die entsprechenden Bestrebungen seit dem Frühjahr 2021 unter dem Stichwort «verfassungsschutzrelevante Delegitimierung des Staates» vom Verfassungsschutz in den Blick genommen.[35]

Miteinander reden

Das Miteinanderregieren in einem institutionellen demokratischen Sinne stellt sicherlich die anspruchsvollste Form der demokratischen Auseinandersetzung und des demokratischen Zusammenfindens dar, weil es die stärkste strukturelle Verfestigung vorsieht. Dabei baut das Miteinanderregieren aber zwingend auf einem vorgelagerten, institutionell gerade nicht verfestigten Schritt auf: dem Miteinanderreden. Der kommunikative Austausch ist insofern notwendige Voraussetzung da-

für, dass demokratische Willensbildung und damit auf ihr aufbauend auch demokratische Machtausübung möglich sind.

Freiheit und rationaler Diskurs

Das Verfassungsrecht und die Verfassungsrechtswissenschaft
konstruieren diese Notwendigkeit des gemeinsamen Diskurses, des Miteinanderredens, des gemeinsamen Austausches und
des kommunikativen Zusammenfindens bis heute im Wesentlichen aus einer rein freiheitlichen Perspektive über die Grundrechte. Zentraler Baustein ist daher die Meinungsfreiheit des
Grundgesetzes, die als demokratisches Grundrecht eine freie
Auseinandersetzung über alle demokratischen Belange sichern
soll.[36] Zu den notwendigen Voraussetzungen eines solchen
freien Austausches, der auch die demokratische Willensbildung vorbereitet und möglich macht, schweigt das Grundgesetz hingegen und mit ihm weitestgehend auch die Verfassungsrechtswissenschaft. Damit scheint der verfassungsrechtlichen
Konstruktion des demokratischen Meinungsaustausches die
Annahme zugrunde zu liegen, dass es im Wesentlichen genügt,
wenn der Staat den öffentlichen Kommunikationsprozess un-
angetastet lässt, um ein freies demokratisches Miteinanderreden zu organisieren.

Lediglich an einem Punkt macht weniger das Grundgesetz,
wohl aber die Rechtsprechung des Bundesverfassungsgerichts
eine kleine Ausnahme: Aus dem Demokratieprinzip leitet es
insofern nicht nur das Recht, sondern auch die Pflicht der
Regierung ab, öffentlich zu kommunizieren, sich also in den
diskursiven Austausch der Gesellschaft einzubringen, um den
Grundkonsens im demokratischen Gemeinwesen lebendig zu
erhalten und die Bürgerinnen und Bürger zur eigenverant-

wortlichen Mitwirkung an der politischen Willensbildung sowie zur Bewältigung vorhandener Probleme zu befähigen. Diese Pflicht umfasse die Darlegung der Regierungspolitik, die Erläuterung von getroffenen Maßnahmen und künftigen Vorhaben sowie die sachgerechte Information über Fragen, die die Bürgerinnen und Bürger unmittelbar betreffen.[37]

Die rein freiheitliche Perspektive, die davon ausgeht, dass das Fehlen staatlicher Nichtintervention genügt, um einen offenen kommunikativen Prozess innerhalb der Gesellschaft abzusichern, wird also nur durchbrochen, wenn es darum geht, die allgemeine Überzeugung der Bürgerinnen und Bürger von der Legitimität der demokratischen Ordnung aufrechtzuerhalten sowie sachliche Informationen über die Regierungspolitik zu vermitteln, damit diese wiederum zum Gegenstand der politischen Auseinandersetzung gemacht werden können. Dabei ist verfassungsrechtlich ein stetiges Spannungsverhältnis mit der Chancengleichheit der Parteien im politischen Prozess vorgezeichnet. Denn die kommunikative Intervention durch die Regierung zugunsten der Demokratie birgt immer die Gefahr parteipolitischer Instrumentalisierung entsprechender staatlicher Maßnahmen. Im Extremfall würde damit das demokratische Prinzip auf den Kopf gestellt: Die demokratische Willensbildung erfolgte nicht mehr von unten nach oben, von den Bürgerinnen und Bürgern zu den Staatsorganen, sondern in die umgekehrte Richtung, indem die politischen Akteure in den Staatsämtern die staatlichen Ressourcen nutzten, um den demokratischen Willensbildungsprozess zu ihren Gunsten zu beeinflussen oder sogar zu manipulieren. Zwar mag man der strikten Trennung zwischen staatlicher und parteipolitischer Sphäre insofern eine gewisse Künstlichkeit vorwerfen, als dass in der (Parteien-)Demokratie moderner Prägung die staatlichen Institutionen planmäßig durch parteipolitische Akteure besetzt werden, die ihre parteipolitischen Bindungen nicht automatisch abstreifen, sobald sie in staatliche Funktionen aufrücken.[38] Allerdings lässt sich diese natürliche Überschneidung genauso als Einwand wie auch als Rechtfertigung der entsprechenden Unterscheidung und der daran anknüpfenden rechtlichen Grenzen formulieren. In jedem Fall erklärt das zugrundeliegende Problemfeld die Zurückhaltung, mit der das Bundesverfassungsgericht und die Verfassungsrechtswissenschaft der Kommunikationstätigkeit staatlicher Organe in diesem Bereich begegnen.

Ganz unabhängig von diesem Sonderfall verfassungsrechtlich gewollter staatlicher Informationsarbeit lässt sich der grundlegende verfassungsrechtliche Ansatz, das gesellschaftliche Miteinanderreden vor allen Dingen durch die Gewährung maximaler Freiheiten abzusichern, ideengeschichtlich in starkem Maße mit den philosophischen Ansätzen der Diskurstheorie vor allem bei Jürgen Habermas in Zusammenhang bringen. Dabei resultiert aus der besonderen Betonung der Sprache als Instrument der Rationalität insbesondere die Grundannahme, dass die Ergebnisse einer Kommunikation jedenfalls dann zwangsläufig rational sind, wenn die Kommunikation frei von Verzerrungen durch Macht oder Hierarchien verläuft. Derartige Kommunikationszusammenhänge werden dann als Situationen beschrieben, in denen ausschließlich der «zwanglose Zwang des besseren Arguments» und das Motiv der kooperativen Wahrheitssuche gelten würden.[39] Allerdings bieten diese Ansätze von vornherein deutlich stärker ein normatives Modell davon, wie Kommunikation in der Gesellschaft funktionieren *sollte,* als ein empirisch-analytisches Modell davon, wie sie sich tatsächlich vollzieht.[40] Es überrascht daher nicht, dass eine Theorie mit einem solchen normativen Überschuss vor allem in der normativ arbeitenden Rechtswissenschaft und ihr folgend auch in der (Verfassungs-)Rechtsprechung Widerhall gefunden hat.

In der Realität des gesellschaftlichen Miteinanderredens zeigt sich jedoch aktuell stärker denn je, wie schnell ein solches Modell sowohl in analytischer als auch in normativer Hinsicht an seine Grenzen gerät. Denn die gegenwärtigen Schwierigkeiten des Zusammenfindens, die enttäuschte Hoffnung der gemeinsamen Kommunikation und die Erkenntnis, wie schnell ein demokratischer Diskurs auch scheitern kann und wie anspruchsvoll letztlich die Voraussetzungen des demokratischen Miteinanderredens sind, zeigen deutlich, dass das überhöhte Ideal eines freien und damit automatisch rationalen Diskurses von der Wirklichkeit nicht eingelöst wird. Die Verwunderung, mit der diese Entwicklung dabei immer wieder zur Kenntnis genommen wird, lässt sich möglicherweise zum Teil auch dadurch erklären, dass diese kontrafaktischen Modelle der Diskurstheorie in der Vergangenheit allzu sehr überschätzt wurden.

Denn wenn sich in unserer Gegenwart das Miteinanderreden als zunehmend schwierig erweist, so hat dies jedenfalls auch zu einem großen Teil damit zu tun, dass die gesellschaftliche Kommunikation gerade nicht nur durch rationale Elemente gekennzeichnet ist. Diese fehlende Einspurigkeit der Kommunikation in einem allein rationalen Verfahren muss auch in keiner Weise dazu führen, dass das Miteinanderreden zwingend misslingen würde. Ganz im Gegenteil: Das Emotionale, Nicht-Rationale gehört selbstverständlich zum menschlichen Dasein. Seine Bedeutung für den menschlichen Umgang miteinander zu unterschätzen hieße, einen ganz wesentlichen

Baustein menschlicher Existenz zu ignorieren. Menschen sind nicht allein rationale Wesen und über den genauen Anteil, zu dem tatsächlich die Ratio das menschliche Verhalten bestimmt, weiß die Forschung bis heute nur relativ wenig. Emotionen und Affekte können daher durchaus auch die positive Kraft haben, die Kommunikation zu erleichtern und ein echtes Zusammenfinden im Dialog zu ermöglichen. Sie können allerdings auch dazu beitragen, dass die Kommunikation misslingt, schwieriger wird oder zunehmend eskaliert.

Aggression und Enthemmung

Ein wesentlicher Faktor, der sich vor diesem Hintergrund als Störmoment in der gesellschaftlichen Kommunikation erweist, ist die verstärkte Aggression, die sich in bestimmten Teilen der öffentlichen Debatte niederschlägt. Dabei soll keineswegs verkannt werden, dass Aggression in der privaten wie öffentlichen Kommunikation per se nichts Neues ist. Beleidigungen, Beschimpfungen, ja sogar Bedrohungen sind seit jeher Teil des menschlichen Umgangs miteinander, ob nun am Stammtisch oder in den sogenannten sozialen Medien. Schaut man noch einmal auf die institutionelle Seite des politischen Diskurses und blickt in den Deutschen Bundestag, stellt man fest, dass es dort in den Anfangsjahren sogar deutlich ruppiger zuging, als man es in den langen Jahrzehnten der Bonner Republik danach gewohnt war.[41] Dabei mag vieles von dem, was seinerzeit für politische Eskalationen sorgte, uns heute in seiner aggressiven Wirkung kaum noch verständlich sein, etwa, wenn die Bezeichnung von Konrad Adenauer als «Bundeskanzler der Alliierten» durch Kurt Schumacher zu einem Sitzungsausschluss für 20 Sitzungstage führte.[42] Wie aggressiv die Stimmung aber

insgesamt war, lässt sich am unmittelbar folgenden Sitzungsausschluss ablesen, der den Abgeordneten Günter Goetzen-
dorff aus der Gruppe der rechtsextremen Deutschen Reichs-
partei traf, weil er im Foyer des Bundestages einen anderen
Abgeordneten körperlich angegriffen hatte.[43]

Nach den allerersten Anfangsjahren des Bundestags sind
solche Extremfälle nicht mehr aufgetreten. Die Stimmung
wurde insgesamt ruhiger, nur durch das Auftreten parlamentarischer Neulinge wie zuerst der Grünen und danach der PDS/
Linkspartei kam es kurzfristig jeweils zu einem leichten Anstieg kommunikativer Konflikte, die sich bald jedoch wieder
normalisierten.[44] Seitdem im Jahr 2017 die AfD in den Bundestag eingezogen ist, ist die Stimmung im Parlament – und auch
darüber hinaus im politischen Diskurs – allerdings deutlich
aggressiver geworden. Dabei zeichnet sich diese neue Aggressivität dadurch aus, dass sie sich nicht nur auf den inhaltlichen
Konflikt mit dem politischen Gegner bezieht. Vielmehr treten
zum einen immer wieder bewusste kommunikative Tabubrü-
che hinzu, die sich vor allen Dingen auf die Verharmlosung
oder Relativierung des Nationalsozialismus beziehen. Zum anderen wird die Kommunikation gezielt als simple Form der
Provokation genutzt, etwa, wenn Abgeordnete sich entgegen
dem parlamentarischen Brauch weigern, in ihren Reden den
Bundestagspräsidenten als solchen anzusprechen.[45] Schließlich
fällt auf, dass sich die Aggression in der politischen Auseinandersetzung in neuartiger Weise gegen Dritte, vor allem gegen
Minderheiten richtet, die nicht Partner, sondern allein Ob-
jekt der Kommunikation sind. Anschaulich wird dies etwa
an dem Redebeitrag der AfD-Fraktionsvorsitzenden Alice
Weidel bei der Generaldebatte zum Bundeshaushalt im Jahr
2018, in der sie für ihren Satz «Burkas, Kopftuchmädchen, ali-

mentierte Messermänner und sonstige Taugenichtse werden unseren Wohlstand, das Wirtschaftswachstum und vor allem den Sozialstaat nicht sichern», einen Ordnungsruf von Bundestagspräsident Wolfgang Schäuble erhielt.

Solche Äußerungen stehen in einer langen Reihe der Kommunikation von Fraktion und Partei, die sich gezielt gegen Minderheiten, vor allen Dingen gegen Muslime, richtet. Gerade in dieser Aggressivität im Hinblick auf «Andere», die nicht als politische Gegner attackiert, sondern in einem umfassenden Sinne abgelehnt und diffamiert werden, spiegelt sich in dieser institutionalisierten politischen Kommunikation aber auch ein allgemeiner Trend gesellschaftlicher Auseinandersetzung wider, durch den persönliche Angriffe und Aggressionen jenseits einer konkreten Sachdebatte zumindest in Teilbereichen der Auseinandersetzung immer häufiger werden.

Zwar sind auch solche verbalen Aggressionen gegen als «anders» erlebte Personen vor allem in der privaten Kommunikation alles andere als neu. Am sprichwörtlichen Stammtisch dürften ausländer-, frauen- und minderheitenfeindliche Aggressionen seit jeher in einem Ausmaß verbreitet gewesen sein, der dem Ton der AfD in nichts nachsteht. Und trotzdem lässt sich vor allem durch die Besonderheiten der Kommunikation in den sogenannten sozialen Medien ein struktureller Unterschied erkennen, der die Diagnose einer erhöhten Aggressivität plausibel macht. Denn zum einen steigt durch diese Form der digitalen Kommunikation die Reichweite der entsprechenden aggressiven Äußerungen enorm an. Was früher in der kleinen Gruppe des Stammtisches dahergeplaudert wurde und schon am nächsten Morgen halb vergessen war, hat heute in den sogenannten sozialen Medien nicht nur eine in früheren Zeiten kaum vorstellbare potentielle Reichweite, sondern auch eine völlig neue Form an Dauerhaftigkeit. Die Flüchtigkeit der mündlichen Kommunikation ist insofern an vielen Stellen ersetzt worden durch schriftliche Ausdrucksformen, die zwar stilistisch oft an spontane Ausbrüche erinnern, im digitalen Medium aber dennoch in aller Regel dauerhaft festgehalten werden.

Zum anderen begünstigen auch die besonderen Bedingungen einer zumindest potentiell anonymen Kommunikation diese Form der Aggression. Soziale Regeln, die das Aggressionsniveau einer Diskussion regulieren, existieren hier oft nicht oder werden jedenfalls nur sehr unvollständig durchgesetzt. Auch sind die Teilnehmer der Kommunikation nicht in anderer Weise in einen gemeinsamen sozialen Kontext eingebunden, der mäßigend auf die Auseinandersetzung einwirken könnte. Gerade bei solchen Personen, bei denen es auch jenseits dieser digitalen Kommunikationszusammenhänge an einer hinreichenden sozialen Einbindung fehlt, führt dies verstärkt zu einer deutlichen Enthemmung, in der sich negative Gefühle jeglicher Art in zum Teil in jeder Hinsicht extremen verbalen Angriffen auf andere entladen. Politikerinnen und Politiker genauso wie Journalistinnen und Journalisten, aber auch Wissenschaftlerinnen und Wissenschaftler und andere in der Öffentlichkeit stehende Personen berichten vermehrt von anonymen Anfeindungen über E-Mail oder soziale Medien, die nicht selten neben schlimmsten würdeverletzenden Beleidigungen auch massive Gewaltdrohungen bis hin zu Tötungsphantasien enthalten.[46]

Diese Entwicklung lässt sich auch im Bereich des Strafrechts nachvollziehen. Nach der offiziellen polizeilichen Kriminalstatistik ist etwa die Zahl der dort erfassten Fälle von Beleidigung zwischen den Jahren 1993 und 2020 fast auf das 2,5-Fache gestiegen.[47] Noch etwas höher lag sogar der Anstieg der erfassten Fälle von Volksverhetzung, also der strafbaren Verbreitung solcher Äußerungen, die den öffentlichen Frieden stören, wozu insbesondere auch Aggressionen gegenüber einzelnen Bevölkerungsgruppen gehören.[48] Gleichzeitig ist insgesamt die Zahl aller erfassten Straftaten, auch jenseits dieser spezifischen Delikte, um mehr als 20 % gesunken. Das ist noch kein harter statistischer Beleg für die tatsächliche Zunahme entsprechender Straftaten, weil auch ein geändertes Anzeigeverhalten der Betroffenen hier eine Rolle spielen kann. Gleichwohl machen diese Zahlen sowohl einen tatsächlichen Anstieg des Aggressionsniveaus als auch eine größere Sensibilität für vorhandene Aggressionen plausibel.

Geteiltes Wissen

Die andere aktuelle Herausforderung, der sich das Miteinanderreden in der Gesellschaft gegenübersieht, ist eine verstärkte Erosion des geteilten Welt- und Handlungswissens, das für ein gegenseitiges Verstehen in einem sehr elementaren Sinne unerlässlich ist. Wenn aber schon das Einanderverstehen zunehmend schwierig wird, muss es umso schwerer fallen, tatsächlich miteinander ins Gespräch zu kommen, d. h. den Anderen nicht nur zu verstehen, sondern auch auf seine Kommunikation einzugehen.

Damit Kommunikation innerhalb einer menschlichen Gemeinschaft funktioniert, ist zunächst einmal der gute Wille der an der Kommunikation Beteiligten erforderlich.[49] Wer sich nicht verstehen will, der wird sich auch nicht verstehen. Ein bisschen Anstrengung muss schon sein, damit das anspruchsvolle Projekt des Miteinanderredens gelingen kann. Aber mit dem guten Willen allein ist es noch nicht getan. Damit man sich gegenseitig verstehen kann, müssen die Gesprächspartner auch über ein bestimmtes Hintergrundwissen verfügen.[50] Denn Kommunikation beruht darauf, dass der Empfänger einer Botschaft das Gesagte zunächst überhaupt entschlüsseln kann. Teil dieser Entschlüsselung ist es, dass der Zuhörer die Kommunikation in die dazugehörige «Szenographie» einordnet, d. h. in den Zusammenhang zwischen dem Textverständnis im engeren Sinne einerseits und dem Welt- und Handlungswissen andererseits, das den Kontext der zu verstehenden Äußerung herstellt.[51] Nur wenn beide an der Kommunikation Beteiligten eine zumindest ähnliche Vorstellung von der «Szenographie» haben, ist es möglich, dass Kommunikation gelingt. Wenn etwa eine Juristin sagt, jemand habe «das Bundesverfassungsgericht angerufen», ist es aufgrund ihres fachlichen Hintergrundes für sie völlig klar, dass damit ein förmlicher Antrag gemeint ist, mit dem ein Gerichtsprozess in Gang gesetzt wird. Ein juristischer Laie mag allerdings eine ganz andere «Szenographie» im Kopf haben und einfach an eine telefonische Kontaktaufnahme mit dem Gericht denken. Ohne geteiltes Hintergrundwissen sind Missverständnisse vorprogrammiert.

Dieses erforderliche gemeinsame Welt- und Handlungswissen mag in kleinen menschlichen Gemeinschaften noch relativ einfach durch Individualkommunikation herzustellen sein.[52] Und so verfügen auch in der Tat kleine soziale Einheiten meist über individuelles Hintergrundwissen, das ein Verstehen jenseits der gesellschaftlich etablierten Kommunikation ermöglicht. Insbesondere in Familien entwickeln sich oft sprachliche «Insider»-Ausdrücke, die den Beteiligten vollkommen klar, für Außenstehende aber vollständig unverständlich sind. In der demokratischen Gemeinschaft als Gesamtsystem ist die Bereitstellung eines gemeinsamen Welt- und Handlungswissens jedoch allein durch direkte soziale Interaktion nur noch sehr rudimentär möglich. Vor allem im 20. Jahrhundert kam deshalb dem noch überschaubaren Bereich der Massenmedien bei der Bereitstellung dieses kollektiven Hintergrundwissens eine, wenn nicht die entscheidende Bedeutung zu.[53] Sie erzeugten so etwas wie ein kollektives kommunikatives Gedächtnis, durch das bei jeder Kommunikation ein gemeinsames Welt- und Handlungswissen, ein geteiltes Hintergrundwissen, als bekannt vorausgesetzt werden kann.[54]

Dabei konnten die Massenmedien diese Funktion umso besser erfüllen, je begrenzter sie waren. Die Herstellung eines gemeinsamen, kanonisierten geteilten Wissens ist nämlich umso einfacher, je geringer insgesamt die Informationsmöglichkeiten in einer Gesellschaft sind. Reduziert sich die massenmediale Versorgung auf wenige verfügbare Kanäle, wird das Netz an gemeinsamem Weltwissen relativ dicht. Oder, anders formuliert: Wenn es ohnehin nur drei Fernsehprogramme und kein Internet gibt, ist die Wahrscheinlichkeit, dass am Abend alle dieselbe Sendung schauen, über die sie sich am nächsten Morgen austauschen können, relativ hoch.[55]

Diese Dichte gemeinsamen Wissens, das über die Massenmedien bereitgestellt wird, ist zu Beginn des 21. Jahrhunderts zwar nicht völlig erodiert, hat aber deutlich an Stärke und Strahlkraft verloren. Die Medienlandschaft hat sich in einer Art und Weise ausdifferenziert und dabei insbesondere auch herkömmliche Formen von Individual- und Massenkommunikation derart vermischt, dass ein medial vermitteltes, alltägliches gemeinsames Welt- und Handlungswissen in immer geringerem Maße plausibel ist. Damit relativiert sich wiederum die Schlagkraft der verfassungsrechtlichen Konstruktion, die auch diese kommunikative Notwendigkeit des Miteinanderredens in der demokratischen Gemeinschaft in erster Linie über die Gewährung von Freiheit, konkret: die grundrechtlich gesicherte Meinungsfreiheit und die korrespondierenden Medienfreiheiten, gewährleisten will. Denn die Kehrseite dieses Freiheitsversprechens ist jedenfalls in einer Welt, in der die technischen Möglichkeiten der medial vermittelten Kommunikation nur noch wenige Grenzen setzen, dass allein durch die Freiheitsgewährung der kommunikative Zusammenhalt der Gemeinschaft immer weniger gewährleistet werden kann. Das verfassungsrechtliche Freiheitsversprechen wird damit in keiner Weise obsolet. Im Hinblick auf die gemeinschaftsbildende Funktion der Kommunikation tritt aber nun in besonderer Weise die Frage der politischen (und damit auch der rechtlichen) Gestaltung in den Vordergrund, wo bisher gerade die politische Nichteinmischung als (auch verfassungsrechtlicher) Königsweg galt.

Diese neuen Anforderungen jenseits eingefahrener Freiheitsversprechen betreffen allerdings nicht nur die Bereitstellung eines geteilten Welt- und Hintergrundwissens, die unter den heutigen gesellschaftlichen und technischen Bedingungen immer anspruchsvoller wird. Auch innerhalb der Struktur dieses Wissens hat in den letzten Jahren eine Verschiebung stattgefunden, die das Miteinanderreden insgesamt deutlich erschwert: die immer brüchiger werdende Abgrenzung zwischen Tatsachen und Meinungen.

Insbesondere die Verfassungsrechtswissenschaft und die Verfassungsrechtsprechung legen ihrem Verständnis von Freiheitssicherung in der öffentlichen Kommunikation die zentrale Unterscheidung dieser beiden Kategorien zugrunde. Ausgehend vom Wortlaut des Grundgesetzes, das jedem das Recht verleiht, seine Meinung frei zu äußern und zu verbreiten, geht das Bundesverfassungsgericht davon aus, dass sich die Meinungsfreiheit zunächst tatsächlich nur auf Meinungen in einem engeren Sinne bezieht, d. h. auf Äußerungen des Dafürhaltens, die durch die subjektive Beziehung zwischen dem Sprecher und seiner Aussage gekennzeichnet sind.[56] Erst in einem zweiten Schritt wird dieser Schutz aus funktionellen Gründen erweitert. Da sich Meinungen in der Regel auf tatsächliche Annahmen stützen oder zu tatsächlichen Verhältnissen Stellung beziehen, so das Gericht, sind Tatsachenbehauptungen durch das Grundrecht jedenfalls insoweit geschützt, als sie Voraussetzung für die Bildung von Meinungen sind.[57] Dabei unterscheiden sich Tatsachen von Meinungsäußerungen dadurch, dass sie einer Überprüfung auf ihren Wahrheits- und Richtigkeitsgehalt, mithin dem Beweis zugänglich sind.[58] Ihr Schutz soll dort enden, wo sie erwiesen unwahr sind und die Unwahrheit dem Äußernden bekannt ist oder bereits zum Zeitpunkt der Äußerung unzweifelhaft feststeht.[59] Unrichtige Information soll unter dem Blickwinkel der Meinungsfreiheit kein schützenswertes Gut sein, weil sie der verfassungsrechtlich vorausgesetzten Aufgabe zutreffender Meinungsbildung nicht dienen könne.[60]

Diese Unterscheidung ist in der verfassungsrechtlichen Praxis bisher nur sehr eingeschränkt relevant geworden. Da auch die Rechtsprechung die Schwierigkeiten der Abgrenzung von Meinungen und Tatsachenäußerungen kennt, belässt sie es in der Regel dabei, die Notwendigkeit der Unterscheidung abstrakt festzuhalten, sie am konkreten Fall aber dann doch nicht durchzuführen.[61] Lediglich an einer Stelle ist sie von erheblicher, auch rechtspolitischer Bedeutung. Dadurch, dass das

Bundesverfassungsgericht erwiesen unwahre Tatsachenbehauptungen vom Schutz der Meinungsfreiheit ausnimmt, kann es die Strafbarkeit der Holocaust-Leugnung verfassungsrechtlich unbeanstandet lassen.[62] Denn die Behauptung, dass es den Holocaust nicht gegeben habe, stellt eine erwiesen unwahre Tatsachenbehauptung dar und wird dementsprechend verfassungsrechtlich nicht als Meinung geschützt.

Auch wenn die gerichtliche Praxis somit offen für Grenzfälle und Übergangsphänomene ist, zeigen doch die grundsätzlichen Erwägungen, dass die Struktur dieser Argumentation nur eingeschränkt in der Lage ist, auf die aktuellen Entwicklungen in der Art der gesellschaftlichen Auseinandersetzung einzugehen. Denn das Verfassungsrecht in seiner Ausgestaltung durch das Bundesverfassungsgericht legt seinem Modell gesellschaftlicher Kommunikation die zentrale Annahme zugrunde, dass es sich bei der Wahrheit um eine feststehende, vollkommen objektivierbare Größe handelt und dass nur diese Wahrheit im gesellschaftlichen Diskurs des Verfassungsstaates von Relevanz ist.[63]

Es ist offensichtlich, dass eine solche Position für eine Welt, in der auch im politischen Diskurs sogenannte Fake News sowohl an Relevanz als auch an Attraktivität gewinnen,[64] zwar möglicherweise eine immer noch entscheidende normative, allerdings kaum eine entsprechende analytische Kraft besitzt. Sie ist aber auch weitestgehend blind für die Tatsache, dass sich in einer komplexen Welt die Frage nach der Wahrheit vielleicht doch nicht immer ganz so einfach beantworten lässt, wie die Annahme suggeriert, dass unrichtige Information generell nicht der zutreffenden Meinungsbildung dienen könne. Dabei muss man nicht gleich mit Extrempositionen der Postmoderne jegliche Ansprüche an Wahrheit und Verbindlichkeit per se für uneinlösbar halten und alle Fragen der Wahrhaftigkeit in einem generellen Relativismus aufgehen lassen. Auch dann, wenn man grundsätzlich am Konzept naturwissenschaftlich feststellbarer Tatsachen festhält, lässt sich doch eine allgemeine Entwicklung erkennen, in der die absoluten Gewissheiten einer unverbrüchlichen Wahrheit zunehmend porös werden. Denn in immer größerem Maße steigt das Bewusstsein dafür, dass sich subjektive Elemente der Wahrnehmung und objektive Ansprüche an Wahrheit doch nicht immer so genau trennen lassen. «Eine absolute Wahrheit, welche für alle Menschen gleich wäre und insofern keinerlei Beziehung zur Individualität hätte, kann es für uns Sterbliche nicht geben», so hat es bereits Hannah Arendt formuliert.[65] Die zeitgenössische psychologische Forschung stützt diesen philosophischen Befund, indem sie uns über die kognitiven Verzerrungen unserer Wahrnehmung und die eigene Objektivitätsillusion aufklärt.[66]

Diese Verzerrungen in der Wahrnehmung gehen ihrerseits in starkem Maße darauf zurück, dass man bei der Wahrnehmung der Welt von bestimmten Vorannahmen ausgeht, also auf das Welt- und Handlungswissen zurückgreift, das auch die Kommunikation und das gegenseitige Verstehen bestimmt. Wenn wir aber in einer Welt leben, in der die Informationsquellen so vielfältig sind, dass es zunehmend schwierig wird, überhaupt einen allgemeinen Wissensbestand herauszufiltern, von dem man sich in seiner Weltwahrnehmung leiten lässt, dann kann für die Wahrnehmung der Welt auch in ihrer scheinbar objektiven Dimension auf einmal den Emotionen eine verstärkte Rolle zukommen.

Auf politischer Ebene wird dieses Motiv gern von Politikern populistischer Strömungen aufgegriffen. Im Wahlkampf zum Berliner Abgeordnetenhaus des Jahres 2016 verwies etwa der Spitzenkandidat der AfD darauf, dass es bei der Politik nicht

nur um Statistiken gehe, sondern darum, was die Bürger emp-
fänden. «Perception is reality. Das heißt: Das, was man fühlt, ist
auch Realität.»[67] In dieser Form handelt es sich dabei zweifelsohne um eine hoch problematische Aussage, weil sie die Kate-
gorie der Wahrheit und die der Emotion vollkommen vermischt und dabei natürlich einer politischen Strömung in die
Hände spielt, in der die Überhöhung der eigenen Person zum
Markenkern gehört. Und doch kommt selbst dann, wenn man
sich um ein objektives Verstehen bemüht und sich nicht auf ein
individuelles Gefühl verlassen will, der Emotion in der Weltwahrnehmung eine gesteigerte Bedeutung zu, wenn die Welt
und ihre Informationen vielschichtiger und unübersichtlicher
werden. Denn das Welt- und Handlungswissen, auf dem wir
unsere Wahrnehmung der Welt aufbauen, orientiert sich nicht
an Wahrheit, sondern an Wahrnehmung. Je komplexer die Fra-
gestellung ist, desto weniger kann man allerdings seine Weltwahrnehmung an eigener Anschauung festmachen und desto
stärker ist man darauf angewiesen, der Wahrnehmung anderer
Personen oder ihrer Vermittlung durch Institutionen zu vertrauen. Und genau an diesem Punkt des Vertrauens setzt die
Frage der Emotionalität an.

Selten hat sich das so deutlich gezeigt wie in der Corona-
Pandemie, in der die politische Beurteilung der Lage letztlich
von zahlreichen medizinischen Annahmen abhing, die nicht
nur ohne spezifische Fachkenntnis überhaupt schwer nach-
zuvollziehen waren, sondern bei denen auch in den unterschiedlichen Stadien der Pandemie immer klar war, dass der
derzeitige wissenschaftliche Kenntnisstand immer nur eine
Momentaufnahme bei deutlichen verbleibenden Unsicherheiten sein konnte. Trotzdem wurde die Öffentlichkeit mit einer
Flut von wissenschaftlichen Informationen versorgt, die kaum

zu verarbeiten waren. Wie man vor diesem Hintergrund die tatsächliche Bedrohung durch das Corona-Virus einschätzte und wie man darauf aufbauend die erheblichen Freiheitsbeschränkungen zum Schutz vor dem Virus politisch bewertete, hing zum einen vom individuellen Erfahrungshorizont ab. Ob jemand kleine Kinder hatte, an chronischen Krankheiten litt, im Home Office arbeiten konnte oder sich ohnehin nur in einer unsicheren Beschäftigungssituation befand, wird die Wahrnehmung der politischen Maßnahmen in der Pandemie genauso beeinflusst haben wie die Frage, über wie viel Wohnraum man verfügt. Darüber hinaus war es aber vor allen Dingen eine Frage von Vertrauen, ob man sich in seiner Wahrnehmung der Krise eher an dem in der Tendenz vorsichtigen Berliner Virologen Christian Drosten, seinem deutlich risikoaffineren Bonner Kollegen Hendrik Streeck oder den Nachrichten in der Telegram-Gruppe des rechtsradikalen veganen Kochs und Coronaleugners Attila Hildmann orientierte und dabei nicht nur zu vollkommen unterschiedlichen politischen Einschätzungen, sondern auch zu gänzlich unterschiedlichen Wahrnehmungen der Situation gelangte.

Vor diesem Hintergrund wird es nicht nur zunehmend schwierig, überhaupt ein gemeinsames Welt- und Handlungswissen auszumachen, das sowohl die Weltwahrnehmung als auch die Möglichkeit der Kommunikation in einer Gemeinschaft in halbwegs parallele Bahnen lenkt. Vielmehr wird in einem grundsätzlichen Sinne die Frage prekär, was überhaupt geteiltes Wissen ist und ob es bei der Fähigkeit, miteinander zu reden und sich zu verstehen, nicht vielleicht in noch viel größerem Maße darum geht, sich auf gemeinsame Institutionen zu einigen, denen man bei der Vermittlung eines bestimmten Weltwissens vertraut.

Spaltung der Gesellschaft?

Die deutlichen Schwierigkeiten, miteinander in ein echtes Gespräch zu kommen und in einen wahren diskursiven Austausch zu treten, haben im Zusammenhang mit der Corona-Pandemie verstärkt dazu geführt, dass eine drohende Spaltung der Gesellschaft beklagt, prognostiziert oder auch als politischer Vorwurf formuliert wurde.[68] Zum ersten Mal publizistisch kanalisiert wurde dieser Vorwurf im März 2021, als eine Gruppe von Wissenschaftlern, Politikern und Journalisten ein sogenanntes «Manifest der offenen Gesellschaft» veröffentlichte.[69] Die Debatte um die Corona-Politik, so die These der Unterzeichnerinnen und Unterzeichner, habe die Menschen in unserem Land polarisiert. Das schade nicht nur dem sozialen Frieden und dem gesellschaftlichen Zusammenhalt, sondern auch der Qualität der Argumente in der öffentlichen Auseinandersetzung. Man wolle daher «weg von der erregten Zuspitzung in den Medien, weg von Konformitätsdruck und einseitiger Lagerbildung in der Gesellschaft und weg von einem unguten Schwarz-Weiß-Denken.»

Einen Monat später trat eine Gruppe von Schauspielerinnen und Schauspielern unter dem Hashtag #allesdichtmachen mit ironisch-satirisch gemeinten Videoclips an die Öffentlichkeit, in denen sie ebenfalls vor allen Dingen die fehlende kommunikative Auseinandersetzung und die Marginalisierung der Gegner der Corona-Politik kritisierten.[70] Nach heftiger öffentlicher Kritik zogen einige der Beteiligten ihre Beiträge später wieder zurück. Gerade diese öffentliche Kritik wurde allerdings umgekehrt zum Teil wieder zum Anzeichen einer Spaltung gemacht. Der prononciert konservative ehemalige Bundesverfassungsrichter Udo Di Fabio machte etwa Ende des Jahres 2021 insgesamt in der Debatte um die Corona-Politik «eifernde Züge eines Glaubenskampfes, der Andersdenkende nicht als nur mehr Gegner, sondern als Feind betrachtet und mit Hass verfolgt», aus. Die Kampagne #allesdichtmachen würde er zwar weder nach Form noch nach Inhalt unterstützen. Die Kritik daran war seiner Meinung nach aber «ohne Maß, zielte in einigen Fällen auf die Personen oder sprach von ‹Unverschämtheit›, so als ginge es um Majestätsbeleidigung oder Unsittlichkeit».[71] Argumentativ weist diese Position große Parallelen zu der auch unabhängig von Corona geführten Debatte um vermeintliche Sprechverbote und «Political Correctness» auf. Gleichzeitig mutet es fast ein wenig ironisch an, wenn Di Fabio fast im selben Atemzug empfiehlt, «die Demokratie» müsse gelassener mit anderen Meinungen umgehen. Die Aufgeregten, so scheint es, das sind immer die anderen.

Noch einmal deutlich verschärft und erstmals auch explizit als solche benannt wurde die Diskussion um eine Spaltung der Gesellschaft Ende des Jahres 2021, als die Proteste gegen die Corona-Maßnahmen noch einmal mehr, lauter und auch zum Teil gewalttätiger wurden. Anlass dafür war unter anderem die politisch nun erstmals breiter geführte Debatte um eine allgemeine Impfpflicht gegen das Corona-Virus. Allerdings verlief die Diskussion dabei überaus sprunghaft. Während zunächst in starkem Maße von der Gefahr einer Spaltung der Gesellschaft die Rede war, mit der in gewisser Weise um Verständnis für die sogenannte Querdenker-Szene geworben wurde, wandelte sich die öffentliche Meinung danach Stück für Stück und vollzog eine deutliche Kehrtwende. Nun wurde vor allen Dingen davor gewarnt, einer kleinen, sich radikalisierenden Minderheit die Deutungshoheit über eine solche Spaltung der Gesellschaft in die Hände zu geben.[72] Zunehmend wurde daher nicht mehr die Spaltung der Gesellschaft, sondern die Diskussion selbst, nach der eine solche Spaltung der Gesellschaft drohe, problematisiert.

Tatsächlich erscheint die Annahme, dass eine Spaltung der demokratischen Gesellschaft droht, zurzeit in Deutschland sehr fernliegend. Natürlich kann es Situationen geben, in denen sich strukturelle Unterschiede in der politischen Auseinandersetzung derart verfestigen, dass eine echte Spaltung zu befürchten ist: in dem Sinne nämlich, dass im demokratischen Prozess Entscheidungen allein nach der Zugehörigkeit zu einer bestimmten Gruppe getroffen werden, völlig unabhängig vom konkreten Inhalt. In den USA lassen sich Entwicklungen in diese Richtung ausmachen, wenn sogar die Frage nach der Covid-Impfung zunehmend anhand von parteipolitischen Linien entschieden wird. Jenseits solcher Extremfälle ist die vorschnelle Rede von einer Spaltung der Gesellschaft aber eher ein deutliches Anzeichen für die zunehmenden Schwierigkeiten, überhaupt gesellschaftlichen Konflikt auszuhalten. Insofern lassen sich zwei wesentliche Gründe ausmachen, die die Rhetorik von einer Spaltung der Gesellschaft erklären. Zum einen kann die Beschwörung einer drohenden Spaltung der Gesellschaft ein effektives Mittel sein, um eine Minderheitenposition argumentativ aufzuwerten.[73] Denn durch dieses Gefahrenszenario wird in gewisser Weise das System der demokratischen Mehrheitsentscheidung für den konkreten Fall in Frage gestellt, wenn Zugeständnisse an eine Minderheit eingefordert werden, obwohl dies dem Willen und den Interessen einer weit überwiegenden Mehrheit der Bevölkerung widerspricht. Im Grunde macht die Argumentationsfigur dann Anleihen bei einem populistischen Politikverständnis, das gerade keine Kategorien für politischen Streit und unterschiedliche politische

Meinungen hat, sondern grundlegend abweichende politische Auffassungen eigentlich für illegitim hält.[74] Konsequenterweise werden scharfe Auseinandersetzungen und die darauf folgenden Mehrheitsentscheidungen dann bereits als Spaltung erlebt, obwohl es im Grunde gerade dieses Politikverständnis ist, das spaltend wirkt.

Zum anderen kann die Rhetorik von der Spaltung der Gesellschaft aber auch umgekehrt das Unvermögen ausdrücken, mit einer kleinen, sich radikalisierenden und immer lauter werdenden Minderheit umzugehen und den damit verbundenen Konflikt auszuhalten. Hier aktualisiert sich dann die Zumutung, den Anderen in der Demokratie zu ertragen, auf neue Weise. Während die Minderheit den demokratischen Prozess als solchen nicht mehr voll akzeptiert, möchte derjenige Teil der Mehrheit, der eine Spaltung befürchtet, letztlich dem Konflikt aus dem Weg gehen, der in einer demokratischen Gemeinschaft unerlässlich ist. Diese abnehmende Bereitschaft zur kontroversen Auseinandersetzung mag dabei jedenfalls zum Teil auch einer neuen Unübersichtlichkeit geschuldet sein. Denn die Analyse, dass die politische Auseinandersetzung heute polarisierter als früher sei, muss zumindest teilweise überraschen, wenn man in die Geschichte der Bundesrepublik zurückschaut, in der etwa Fragen von Wiederbewaffnung und Nachrüstung, Ostpolitik oder auch der Legalität von Schwangerschaftsabbrüchen zu hoch aufgeladenen gesellschaftlichen Auseinandersetzungen führten. «Ihre ‹Freiheit› ist nicht unsere»,[75] rief der SPD-Abgeordnete Olaf Schwencke im Jahr 1978 der CDU/CSU-Fraktion im Bundestag zu und spielte damit auf die zentrale Wahlkampfparole der CDU aus dem vorangegangenen Bundestagswahlkampf, «Freiheit statt Sozialismus», an. «Ihre Republik ist nicht unsere», antwortete der damalige Oppositionsführer Helmut Kohl ihm darauf, «und darüber werden wir uns auseinandersetzen.»[76] Der maximale politische Konflikt, das völlige Auseinanderfallen aller Grundanschauungen über das Gemeinwesen war hier also gerade nicht das Ende, sondern vielmehr der Beginn eines Diskurses.

Es handelt sich daher in der Gegenwart möglicherweise eher um eine gesteigerte subjektive Wahrnehmung von Polarisierung und eine erhöhte Empfindlichkeit ihr gegenüber als um eine tatsächliche Verschärfung gesellschaftlicher Konfliktlinien.[77] Neu ist aber, dass sich diese Auseinandersetzungen in deutlich geringerem Maße als früher an einem klassischen politischen Rechts-Links-Schema orientieren.[78] Das liegt zum einen daran, dass die Erklärungskraft dieser Unterscheidung ohnehin in vielerlei Hinsicht abgenommen hat. Zum anderen hat sich die politische Selbstwahrnehmung aber auch dergestalt verschoben, dass sich immer mehr Mitglieder der demokratischen Gemeinschaft selbst in der politischen Mitte verorten. Damit kann derjenige, dessen Meinung man nicht teilt, aber immer weniger gedanklich in das andere politische Lager verschoben werden. Der Konflikt betrifft vielmehr nun die «eigene» politische Mitte und wird dementsprechend als deutlich schmerzhafter erlebt. Sich diesem Konflikt zu stellen, auch wenn es weh tut, ist aber notwendige Vorrausetzung dafür, in der Demokratie überhaupt zusammenzufinden und im Gespräch miteinander zu bleiben.

Rechtliche Infrastruktur des Konflikts

Wenn hier insgesamt argumentiert wird, dass das Miteinanderreden in der gegenwärtigen Gesellschaft schwieriger geworden ist, soll damit keineswegs verkannt werden, dass der Dialog schon immer kompliziert und eine anspruchsvolle Aufgabe war. Insbesondere war die Vorstellung, dass alle Mitglieder einer demokratischen Gemeinschaft in einem kommunikativen Austausch stehen, nie mehr als eine Illusion – der man sich allerdings noch deutlich leichter hingeben konnte, als eine überschaubare Anzahl von Massenmedien einen in starkem Maße kanonisierten Informationsstand weitergaben und die aggressiven Formen der Kommunikation, die Beleidigungen, Schmähungen, Drohungen und verbalen Angriffe, aber auch die Gerüchte und Desinformationen, sich eher im kleinen Rahmen des Stammtischs oder des familiären Wohnzimmers als auf der globalen Bühne sogenannter sozialer Medien entluden. Am Ende steht die Erkenntnis, dass sich die überidealisierte Vorstellung eines rationalen, sachlichen Diskurses in der demokratischen Gemeinschaft, die Teile der politischen Philosophie und weite Teile von Verfassungsrechtswissenschaft und Verfassungsrechtsprechung prägen, auch in der Bundesrepublik als Wunschvorstellung erwiesen hat.

Diese Diagnose muss an sich noch kein Grund für Alarmismus sein. Aber sie macht die Notwendigkeit eines Perspektivenwechsels deutlich. Statt über die Irrationalitäten, Emotionalitäten und Aggressionen hinwegzusehen, die den menschlichen Diskurs auch in der Demokratie prägen, ist es erforderlich, diese bewusst in den Blick zu nehmen, damit das Miteinanderreden in der demokratischen Gemeinschaft funktionieren kann. Dabei rückt insbesondere die Frage in den Vordergrund, inwiefern das grundrechtliche Freiheitsparadigma allein noch in der Lage ist, das Miteinanderreden in der Demokratie in hinreichendem Maße abzusichern, oder ob eine verstärkte rechtlich-politische Ausgestaltung erforderlich und möglich ist, um diese Absicherung zu leisten.

Es ist nicht leicht, rechtliche und politische Antworten auf diese grundlegenden Fragen zu finden. Denn in vielerlei Hinsicht scheinen die Kosten sowohl für eine staatliche Intervention als auch für eine weitgehende Nichtintervention in den gesellschaftlichen Kommunikationsprozess zu hoch zu sein. Anders formuliert: Zwar mag das kommunikative Freiheitsparadigma des Verfassungsrechts mittlerweile an deutliche Grenzen dabei stoßen, einen freien, offenen und verstehenden Prozess des Miteinanderredens in der demokratischen Gemeinschaft zu organisieren. Aber wird die Kommunikation in der Gesellschaft tatsächlich besser und verstehender, wenn von Seiten des Staates Wahrheitsmaßstäbe durchgesetzt, Wissensbestände kanonisiert und höfliche Formen des menschlichen Umgangs erzwungen werden?[79]

Dieses Dilemma ist letztlich unauflöslich. Es kann immer nur um Abwägungen und Abstufungen des Eingriffs gehen, die allerdings an die tatsächlichen Verhältnisse angepasst werden müssen. In der Vergangenheit hat der Gesetzgeber sich dabei in jeder Hinsicht sehr zurückgenommen und vieles in die Hände verantwortlicher privater Akteure gelegt. So verpflichtet etwa das Presserecht, das mit den Printmedien jahrzehntelang eine der absolut zentralen gesellschaftlichen Informationsquellen regulierte, zur Einhaltung grundlegender journalistischer Sorgfaltspflichten. Die Presse hat danach alle Nachrichten vor ihrer Verbreitung mit der nach den Umständen gebotenen Sorgfalt auf Inhalt, Herkunft und Wahrheit zu prüfen.[80] Verletzungen dieser Pflicht können allerdings in keiner Weise staatlich sanktioniert werden, so dass der Regelung eher ein Appellcharakter zukommt. Von größerer praktischer Bedeutung ist insofern die sogenannte freiwillige Selbstkontrolle durch den Deutschen Presserat, einen privaten Verein, in dem sich die großen deutschen Verleger- und Journalistenverbände zusammengeschlossen haben. Er hat mit dem Pressekodex einen eigenen Verhaltenskodex für journalistische Sorgfalt aufgestellt und kann auf Verstöße insbesondere durch öffentliche Rügen reagieren.

Selbst bei den äußersten Grenzen des Sagbaren, die das Strafrecht setzt und die darauf abzielen, das Aggressionslevel der Kommunikation zu begrenzen, wenn sie Beleidigungen und Volksverhetzung unter Strafe stellen, zeigt sich eine Tendenz, den Schutz des Miteinanderredens stark in die Hände von Privaten zu legen. Denn jedenfalls die Beleidigungsdelikte, die nicht mehr hinnehmbare kommunikative Angriffe auf das Persönlichkeitsrecht sanktionieren, werden durch die Strafverfolgungsbehörden nur dann verfolgt, wenn ein entsprechender Strafantrag des Betroffenen vorliegt.[81] Lediglich bei der Volksverhetzung können die Staatsanwaltschaften auch von Amts wegen, d. h. ohne besonderen Antrag von Privaten, tätig werden.

Mit Blick auf die Entwicklung neuer digitaler Medien und der mit ihnen verbundenen kommunikativen Herausforderung ist der Gesetzgeber dieser Linie treu geblieben. Im Jahr 2017 erließ er als wesentlichen Baustein einer Strategie, mit der die Hasskriminalität im Internet bekämpft werden sollte, das Netzwerkdurchsetzungsgesetz. Es sieht keine originär staatlichen Maßnahmen vor, sondern adressiert allein die Betreiber großer sozialer Netzwerke. Diese werden vor allen Dingen verpflichtet, ein eigenes Beschwerdemanagement einzurichten, das es den Mitgliedern der Netzwerke ermöglicht, strafbare Inhalte zu melden.[82] Erst seit dem Jahr 2022 sind diese Pflichten dahingehend erweitert, dass die Netzwerke unter bestimmten Umständen strafbare Inhalte auch den Strafverfolgungsbehörden melden müssen. Diese Delegation auf die sozialen Netzwerke folgt zwar der Logik staatlicher Nichteinmischung und damit größtmöglicher Freiheitsgewähr im Bereich gesellschaftlicher Kommunikation. Sie ist gleichwohl nicht unproblematisch, wenn man berücksichtigt, dass es sich bei diesen Netzwerken weder um egalitäre Teilnehmer an der Kommunikation noch um Institutionen mit besonderem journalistischen Selbstverständnis handelt, sondern um globale Wirtschaftsunternehmen, die in erster Linie einer ökonomischen Logik folgen und im Übrigen eine kommunikative Macht- und Monopolstellung haben können, die staatlichen Strukturen durchaus ähnlich werden kann. Insofern ist es nicht evident, dass Freiheitsbeschränkungen, die soziale Netzwerke in privaten, in aller Regel intransparenten Verfahren aufgrund von individuellen Beschwerden vornehmen, tatsächlich weniger einschränkend auf die gesellschaftliche Kommunikation wirken als entsprechende staatliche Maßnahmen, die am Ende immer demokratisch rückgekoppelt werden müssen.

Dass es gar nicht so leicht ist, die Betreiber solcher Netzwerke für die Kontrolle der Kommunikation in den Dienst zu nehmen, zeigt die Posse, die sich Anfang des Jahres 2022 abspielte, als die Bundesregierung versuchte, den Betreiber des Messengerdienstes Telegram zur Einhaltung seiner Pflichten aus dem Netzwerkdurchsetzungsgesetz anzuhalten. Denn der Bundesregierung gelang es längere Zeit schon nicht, überhaupt Kontakt zu dem wohl in Dubai ansässigen Betreiber herzustellen. Erst nachdem der US-Konzern Google eine E-Mail-Adresse des Unternehmens vermittelt hatte, kam es zu einem ersten, wie man betonte: konstruktiven, Gespräch zwischen Vertretern des Innen- und Justizministeriums und der Unternehmensspitze.[83]

Ein goldener Weg, um diesen Dilemmata zu entkommen, ist nicht ersichtlich. Gleichwohl scheint es, dass der Staat sich hier sehr lange zu zögerlich dabei gezeigt hat, die existierenden rechtlichen Grenzen, die insbesondere das Strafrecht setzt, auch in den sogenannten neuen Medien durchzusetzen. Erst langsam setzt hier ein gewisses Umdenken ein. Die zögerliche Kontaktaufnahme der Bundesregierung mit Telegram ist bei aller Groteske insofern ein Schritt in die richtige Richtung.[84] Noch entscheidender scheint aber etwa zu sein, dass in den Bundesländern zunehmend sogenannte Schwerpunktstaatsanwaltschaften zur Hasskriminalität im Internet eingerichtet werden, die gezielt strafbare Äußerungen vor allem in den sogenannten sozialen Medien verfolgen.[85] Denn die elementaren Mindeststandards des Miteinanderredens, die das Strafrecht vorgibt, müssen auch in Zeiten des Medienwandels effektiv durchgesetzt werden, damit die Kommunikation in der demokratischen Gemeinschaft funktionieren kann. Diese Aufgabe muss der Staat auch als Mittel der Demokratiesicherung selbst wahrnehmen.

Miteinander leben

Um in einer Gesellschaft tatsächlich zusammenzufinden, ist die Kommunikation am Ende aber natürlich nur ein Baustein, der letztlich auf etwas anderem ruht: der Bereitschaft und der tatsächlichen Praxis, auch miteinander zu leben. Sie stellt im Grunde die Basis dafür dar, sich überhaupt als Gemeinschaft begreifen zu können. Die zu Beginn dieses Buches erwähnten Beispiele des Bierdosenflashmobs, des Flughafenshoppings und des Fußballstadions stellen daher nur einen winzigen Ausschnitt der Sphäre dar, in der die demokratische Gemeinschaft in einem sehr elementaren Sinne erlebbar wird. Dieses gemeinsame Leben und Erleben sichert dabei nicht nur überhaupt die Wahrnehmung als Gemeinschaft ab. Bei allen Schwierigkeiten im Einzelnen ist doch der unmittelbare Kontakt zwischen Menschen, die sich gegenseitig als «anders» definieren, eine der besten Möglichkeiten überhaupt, um Vorurteile abzubauen, Gemeinsamkeiten zu entdecken und Akzeptanz zu erzeugen.[86] Anders formuliert: Den anderen auszuhalten und als grundsätzlich gleich zu akzeptieren ist jedenfalls in der Regel umso leichter, je vertrauter er mir ist. Die Zumutungen der Demokratie werden daher tendenziell abgeschwächt, wenn man sich darauf einlässt, die anderen Mitglieder der demokratischen Gemeinschaft in einem weiten Sinne als Teil des eigenen Lebens zu begreifen. Lässt man sich nicht darauf ein, wirken diese Begegnungen im eigenen Leben hingegen umso stärker als Zumutung in der Demokratie.

Dabei ist bei genauer Betrachtung die Idee des Miteinanderlebens in der demokratischen Gemeinschaft schon immer in weiten Teilen nichts anderes als eine Illusion, die vor allen Dingen eine bestimmte idealisierte Form der Mittelschicht beschreibt. Denn wo begegnet man sich tatsächlich? Wie inklusiv ist der Besuch in einem Fußballstadion? Wer kann und will sich Flughafenshopping leisten? Und wer außer einer kleinen Gruppe vor allem junger Menschen ist tatsächlich von der Veranstaltung eines Bierdosenflashmobs umgetrieben? Und trotzdem eröffnet diese Illusion doch Möglichkeitsräume, kleine Fenster zwischen sehr unterschiedlichen alltäglichen Welten, die das Bewusstsein dafür schärfen, nicht ganz allein mit sich und seinesgleichen in der Demokratie zu sein.

Bei dem Versuch, die Illusion des Miteinanderlebens in der Demokratie zumindest für einen kurzen Moment und einen begrenzten Raum real werden zu lassen, kommt den zu Beginn dieses Buches beschriebenen anthropologischen Orten eine entscheidende Bedeutung zu. Sie sind nicht nur historisch verankert und entfalten identitätsstiftende Wirkung. Vor allen Dingen schaffen sie durch ihre gegenständliche Existenz als physischer Raum und die damit verbundenen gemeinsamen sozialen Regeln eine Verbindung zwischen den Menschen, die sich an ihnen aufhalten und diese Orte nutzen. Auch wenn es sich dabei nur um lose ideelle Verbindungen handelt: Für das Gelingen der demokratischen Gemeinschaft sind sie nicht zu unterschätzen.

Diese besondere demokratische Relevanz der anthropologischen Orte zeigt sich auch gerade daran, wie sie in jüngerer Zeit für den populistischen Protest genutzt oder auch imitiert werden, also dort, wo es gerade nicht um den Erhalt der demokratischen Gemeinschaft in ihrer Pluralität geht, sondern vielmehr um die Durchsetzung eines Politikkonzepts, das von der Ausgrenzung lebt. Die anfangs erwähnten Proteste der französischen Gelbwesten und ihre Aufwertung des Kreisverkehrs zu einem politischen Ort sind ein anschauliches Beispiel dafür. Und auch die unangemeldeten sogenannten «Spaziergänge» von Gegnerinnen und Gegnern der Corona-Politik passen in dieses Bild. Zwar handelt es sich bei der Bezeichnung als «Spaziergänge», die an ein zunächst einmal unpolitisches soziales Verhalten anknüpft, in erster Linie um einen durchsichtigen Versuch, die rechtlichen Anforderungen sowohl des Versammlungsrechts als auch des Infektionsschutzrechts zu umgehen. Aber hinter dieser Fassade wird doch erkennbar, wie groß selbst bei denen, die die Zumutungen der demokratischen Gemeinschaft nicht ertragen wollen, der Wunsch nach Begegnungen auch im körperlich-räumlichen Sinne bleibt. Es handelt sich um ein urmenschliches Bedürfnis, das unabhängig von der Politik existiert und doch alles andere als unpolitisch ist.

Allerdings können Politik und Recht das Miteinanderleben noch viel weniger organisieren, als dies schon beim Miteinanderreden der Fall ist. Aber sie können einen Rahmen schaffen, der Begegnungen ermöglicht und fördert, den Ausschluss in einem unmittelbar physischen Sinne verringert und es zumindest einfacher gestaltet, sich der Illusion des gemeinsamen Lebens in der demokratischen Gemeinschaft hinzugeben und sie so an einzelnen Punkten vielleicht sogar wahr werden zu lassen.

V.

Schluss: Begegnungen

Sich als Gemeinschaft zu begreifen, miteinander zu leben, miteinander zu reden und aufbauend darauf in demokratischer Weise miteinander zu regieren ist nicht nur ein anspruchsvolles Projekt. Es ist auch ein Projekt, das nicht allein rational erklärt werden kann. Da Menschen, die sich zu einer demokratischen Gemeinschaft zusammenschließen, immer zumindest auch irrationale Wesen sind, lassen sich die Zumutungen, die die Demokratie für sie bereithält, nicht allein über einen verstandesbetonten Zugang abmildern und erträglich machen. Demokratiepolitik, die tatsächlich die Akzeptanz der Demokratie verbessert und damit zu ihrer Stabilität beiträgt, muss immer auch eine Politik der Irrationalitäten sein.

Dies bedeutet nicht, dass Demokratiepolitik selbst irrational sein sollte.[1] Aber das ihr zugrundeliegende Demokratie- und Politikverständnis sollte berücksichtigen, dass die geistige, rationale Seite des Menschen eben nur ein Aspekt seines Daseins ist und diese Seite daher auch nur für einen (vermutlich sogar vergleichsweise kleinen) Teil seines Handelns verantwortlich ist. Wenn Demokratiepolitik heute in erster Linie als Bereitstellung demokratischer Bildungsangebote begriffen wird,[2] bei denen mit den Mitteln des intellektuellen Austauschs für die Demokratie geworben wird, so muss dieser Ansatz höchst unvollständig bleiben. Um die Grundbedingungen der demokratischen Gemeinschaft aufrechtzuerhalten, müssen daher auch demokratische Begegnungsangebote gemacht werden. Sie können das Zusammenfinden in der Demokratie zwar weder anordnen noch erzwingen. Aber mit politisch-rechtlichen Mitteln lässt sich doch in nicht unerheblicher Weise die Infrastruktur beeinflussen, die demokratische Begegnungen erleichtern oder eben auch erschweren kann. Geht es darum, miteinander zu reden oder miteinander zu regieren, so sind die Rahmenbedingungen für diese Art der Begegnung zwar in unterschiedlichem Ausmaß, aber dennoch klar erkennbar rechtlich wie politisch vorstrukturiert. Das Miteinanderleben als Teil einer notwendigen demokratischen Praxis wird hingegen bisher kaum unter diesem Gesichtspunkt betrachtet und behandelt, obwohl es doch die Basis für alle anderen Formen der Begegnung bildet.

Eine Schlüsselstellung für die Infrastruktur, die mit den Mitteln politischer Gestaltung für das Zusammenleben geschaffen werden kann, nehmen dabei soziale Räume ein. In einem weiten Verständnis sollen damit hier physische Orte gemeint sein, die niedrigschwellige, alltägliche soziale Begegnungen ermöglichen und dadurch einen Raum schaffen, in dem mit geringem persönlichen Einsatz eingeübt werden kann, den «Anderen» in der Demokratie auszuhalten. Im besten Fall handelt es sich bei solchen sozialen Räumen wie Parks, öffentlichen Plätzen, Freibädern oder Cafés auch um anthropologische Orte, die durch ihr Zusammenspiel von räumlich-physischer Existenz und einer Gesamtheit von Möglichkeiten, Vorschriften und Verboten, deren Inhalt sowohl räumlich als auch sozial konnotiert ist, beziehungsstiftend sind und daher das Miteinanderleben in besonderer Weise erfahrbar machen. Durch die Gegenwartsphänomene der Musealisierung, Kommerzialisierung und Digitalisierung geraten solche Orte zwar aktuell unter besonderen Druck. Ihre Attraktivität haben sie aber nicht verloren. Ganz im Gegenteil: Schon vor der Corona-Pandemie war deutlich erkennbar, dass der Wunsch nach solchen Orten und den mit ihnen verbundenen Begegnungen groß ist. Nach den kontaktarmen Zeiten der Pandemie dürfte dieses Bedürfnis eher noch größer geworden sein – ein guter Zeitpunkt also, um dieses in erster Linie menschliche Bedürfnis auch demokratisch zu wenden.

Die denkbaren politischen und rechtlichen Maßnahmen, die Teil einer solchen Wende sein könnten, sind vielfältig und selten neu, müssten aber unter dem Stichwort der Demokratiepolitik jedenfalls neu entdeckt werden. Relativ offensichtlich sind hier zunächst die klassischen Bereiche von Städtebau und Stadtplanung, die in einem sehr elementaren Sinne die räumliche Umgebung gestalten, die sich zu sozialen Orten fügen kann – oder eben auch nicht. Die Anlage öffentlicher Plätze und Parks, die in ihrer konkreten ästhetischen Gestalt auch tatsächlich als Begegnungsräume attraktiv sind, gehört genauso dazu wie Fragen der Privatisierung des öffentlichen Raums. Auch die Bereitstellung und der Erhalt bezahlbarer Wohnungen in beliebten Innenstadtlagen stellen sich vor diesem Hintergrund nicht nur als Maßnahmen der Sozialpolitik dar. Regelungen wie z. B. eine Mietpreisbremse besitzen vielmehr eine wesentliche demokratiepolitische Komponente, weil sie sicherstellen wollen, dass die alltäglichen Begegnungen in den Städten nicht auf Angehörige bestimmter finanzstarker Bevölkerungsgruppen beschränkt bleiben.[3]

Darüber hinaus ist die Politik aber auch gefragt, neue, möglicherweise noch nicht in jeder Hinsicht eingeübte oder wahrgenommene Orte des Begegnens entweder selbst zu schaffen oder aber politisch anzuerkennen und zu unterstützen. Im Ausland lässt sich etwa im Moment beobachten, wie sich Bibliotheken immer mehr von reinen Lese- und Buchausleihorten zu offenen, vielschichtigen Begegnungsplätzen entwickeln. Neben vielen anderen Räumen und Möglichkeiten bieten diese neuen Typen von Bibliotheken insbesondere auch eine große Zahl unterschiedlicher Arbeitsplätze an, die nicht auf die Nutzung von Büchern vor Ort ausgerichtet sind, sondern vielmehr darauf, in Gesellschaft allein zu arbeiten, sich also zu begegnen und die Anwesenheit des anderen nicht nur zu ertragen, sondern als angenehmes Umfeld für das eigene Tun zu erleben. Die neu gebauten zentralen Bibliotheken in Oslo und Helsinki sind eindrucksvolle Beispiele hierfür.[4] Auch in Deutschland zeigt sich ein erster vorsichtiger Trend in diese Richtung, auch wenn er hier noch ganz am Anfang steht.[5]

Schließlich können auch ungewöhnliche andere Maßnahmen zumindest das Bewusstsein für die Wichtigkeit solcher Begegnungen schärfen. In Nordrhein-Westfalen etwa wurde im Jahr 2020 die «Trinkhallenkultur im Ruhrgebiet» in das Landesinventar Immateriellen Kulturerbes aufgenommen.[6] Maßgeblicher Gesichtspunkt war dabei der soziale Zusammenhalt, den diese kleinen Kioske stiften. Als typische Treffpunkte nehmen Trinkhallen, so die offizielle Begründung, eine wichtige Funktion für die Nachbarschaft ein und stellen Orte der Integration und des Austausches dar.[7] Ihre Bedeutung geht daher über die bis heute relativ unbeachtete Nische des immateriellen Kulturerbes hinaus. Als ein kleiner Baustein unter vielen erfüllen sie in all ihrer wohligen Banalität auch eine demokratische Funktion.

Keiner dieser Bausteine wird für sich allein in der Lage sein, die Demokratie zu retten oder die Krise der demokratischen Gemeinschaft ad hoc zu lösen. Aber gegen die Erosion demokratischer Errungenschaften gibt es ohnehin keine Wunderwaffe. Demokratiepolitik kann immer nur eine Politik in kleinen, aber beständigen Schritten sein. Und diese Schritte sollten am Ende dazu führen, dass man in der Demokratie aufeinander zugeht und sich erträgt, statt einfach auseinanderzudriften. Die Hölle, das mögen die Anderen sein. Aber jenseits dieser Hölle, die am Ende doch erträglich ist, klafft der anti-demokratische Abgrund.

Literatur

Abalakina-Paap, Marina/Stephan, Walter G./Craig, Traci/Gregory, W. Larry, Beliefs in Conspiracies, Political Psychology 20 (1999), S. 637–647.

Ackermann, Ulrike, Die neue Schweigespirale. Wie die Politisierung der Wissenschaft unsere Freiheit einschränkt, Darmstadt 2022.

Adam-Troian, Jaïs et al., Positive associations between anomia and intentions to engage in political violence. Cross-cultural evidence from four countries, Peace and Conflict: Journal of Peace Psychology 26 (2020), S. 217–223.

Allport, Gordon, The Nature of Prejudice, Boston 1954.

Anderson, Benedict, Imagined Communities. Reflections on the Origin and Spread of Nationalism, London 1983.

Appel, Markus/Doser, Nicole, Fake News, in: Appel, Markus (Hrsg.), Die Psychologie des Postfaktischen. Über Fake News, «Lügenpresse», Clickbait & Co, Berlin 2019, S. 9–20.

Arendt, Hannah, Wahrheit und Politik, Berlin 2006.

Arendt, Hannah, Sokrates. Apologie der Pluralität, Berlin 2016.

Augé, Marc, Nicht-Orte, 3. Aufl., München 2012.

Balser, Markus, «Telegram sperrt 64 Kanäle», Süddeutsche Zeitung v. 12/13.2.2022, S. 8.

Balser, Markus/Koopmann, Christoph, «Bundesregierung droht Telegram bis zu 55 Millionen Euro Strafe an», SZ v. 5./6.2.2022, S. 7.

Bender, Justus/Frasch, Timo, «Atombomben auf Besenstiele», Frankfurter Allgemeine Zeitung v. 31.10.2016, S. 4.

Bringmann, Klaus, Das Volk regiert sich selbst. Eine Geschichte der Demokratie, Darmstadt 2019.

Brock, Bazon, Musealisierung. Eine Form der experimentellen Geschichtsschreibung, in: Zacharias, Wolfgang (Hrsg.), Zeitphänomen Musealisierung. Das Verschwinden der Gegenwart und die Konstruktion der Erinnerung, Essen 1990, S. 51–56.

Canfora, Luciano, Eine kurze Geschichte der Demokratie. Von Athen bis zur Europäischen Union, Köln 2021.

Clark, Christopher, Die Schlafwandler. Wie Europa in den Ersten Weltkrieg zog, München 2015.

Conze, Eckart, Erinnerungskulturelle Rechtswende. 150 Jahre 1871 und der Deutungskampf ums Kaiserreich, Blätter für deutsche und internationale Politik 12/2021, S. 85–95.

Detering, Heinrich, Was heißt hier ‹wir›? Zur Rhetorik der parlamentarischen Rechten, Ditzingen 2019.

Déotte, Jean-Louis, Wie die Geschichte der Musealisierung anheim fällt, in: Rüsen, Jörn/Ernst, Wolfgang/Grütter, Heinrich Theodor (Hrsg.), Geschichte sehen. Beiträge zur Ästhetik historischer Museen, Pfaffenweiler 1988, S. 100–106.

Di Fabio, Udo, Coronabilanz. Lehrstunde der Demokratie, München 2021.

Dignös, Eva, «Bustickets für Hallstatt», Süddeutsche Zeitung v. 18./19.4. 2019, S. 37.

Dittmayer, Matthias, Wahrheitspflicht der Presse. Umfang und Gewährleistung, Baden-Baden 2013.

Dreitzel, Hans Peter, Die Einsamkeit als soziologisches Problem, Zürich 1970.

Eco, Umberto, Lector in fabula. Die Mitarbeit der Interpretation in erzählenden Texten, 2. Aufl., München 1994.

Eco, Umberto, Die Grenzen der Interpretation, München 1995.

Eisenmann, Clemens/Koch, Sebastian/Meyer, Christian, Rhetoriken skeptischer Vergemeinschaftung. Die öffentlichen Auftritte und Reden bei den Corona-Protesten in Konstanz, in: Reichardt, Sven (Hrsg.), Die Misstrauensgemeinschaft der «Querdenker», Frankfurt 2021, S. 185–223.

Festinger, Leon, Theorie der kognitiven Dissonanz, Bern 1978.

Flade, Antje, Third Places. Reale Inseln in der virtuellen Welt, Wiesbaden 2017.

Fourquet, Jérôme, L' archipel français. Naissance d'une nation multiple et divisée, Paris 2019.

Franck, Georg, Ökonomie der Aufmerksamkeit. Ein Entwurf, München 1998.

Frenz, Walter, Wahlrecht – Wahlpflicht?, Zeitschrift für Rechtspolitik 1994, S. 91–94.

Frevert, Ute, Die Politik der Demütigung. Schauplätze von Macht und Ohn-macht, Frankfurt a. M. 2017.

Friedrichs, Werner/Lange, Dirk (Hrsg.), Demokratiepolitik, Wiesbaden 2016.

Gaschke, Susanne/Schuster, Jacques, «Eifernde Züge eines Glaubenskamp-fes», Interview mit Udo di Fabio, Welt am Sonntag v. 7.11.2021, S. 3.

Goertzel, Ted, Belief in Conspiracy Theories, Political Psychology 15 (1994), S. 731–742.

Goffman, Erving, Wir alle spielen Theater, 1956.

Gorkow, Alexander/Winkler, Willi, «Gute Nacht zusammen», Süddeutsche Zeitung v. 24./25.4.2021, S. 40.

Grabka, Markus M./Westermeier, Christian, Anhaltend hohe Vermö-gensungleichheit in Deutschland, DIW Wochenbericht Nr. 9/2014, S. 151–164.

Grande, Edgar/Hutter, Swen/Hunger, Sophia/Kanol, Eylem, Alles Covidio-ten? Politische Potenziale des Corona-Protests in Deutschland, WZB-Discussion Paper ZZ 2021–601.

Grimm, Dieter, Die Meinungsfreiheit in der Rechtsprechung des Bundes-verfassungsgerichts, Neue Juristische Wochenschrift 1995, S. 1697–1705.

Gunitsky, Seva, Democratic Waves in Historical Perspective, Perspectives on Politics 16 (2018), S. 634–651.

Gwiazdzinski, Luc, Le rond-point: totem, média et place publique d'une France en jaune, Multitudes n°74, février 2019, S. 7–15.

Haack, Stefan, Wahlpflicht und Demokratie, Kritische Vierteljahresschrift für Gesetzgebung und Rechtswissenschaft 2011, S. 80–96.

Habermas, Jürgen, Theorie des kommunikativen Handelns, Berlin 1981.

Habermas, Jürgen/Luhmann, Niklas, Theorie der Gesellschaft oder Sozial-technologie, 10. Aufl., Frankfurt a. M. 1990.

Haußner, Stefan/Leininger, Arndt, Die Erfolge der AfD und die Wahlbetei-ligung: Gibt es einen Zusammenhang?, Zeitschrift für Parlamentsfragen 2018, S. 69–90.

Heins, Volker, Politik und Emotion. Von Max Weber zur Zweiten Moderne, Zeitschrift für Politik 2002, S. 424–448.

Hepp, Andreas, Netzwerke der Medien. Medienkulturen und Globalisie-rung, Wiesbaden 2004.

Hochmann, Thomas, Shedding Light or Shooting in the Dark – How to de-

fine Fake News?, Verfassungsblog v. 5.9.2018, ‹https://verfassungsblog.de/
shedding-light-or-shooting-in-the-dark-how-to-define-fake-news/›.

Hoffmann-Riem, Wolfgang, Kommentierung zu Art. 5 I, II GG, in: Denninger, Erhard/Hoffmann-Riem, Wolfgang/Schneider, Hans P./Stein, Ekkehart (Hrsg.), Kommentar zum Grundgesetz für die Bundesrepublik Deutschland (AK-GG), Loseblattwerk August 2002.

Hofmann, Ekkehard, Der Klimaschutzbeschluss des BVerfG, Neue Zeitschrift für Verwaltungsrecht 2021, S. 1587–1590.

Huntington, Samuel P., The Third Wave. Democratization in the Late Twentieth Century, Norman 1991.

Illouz, Eva, Fazit: Auf dem Weg zu einer postnormativen Kritik der emotionalen Authentizität, in: dies. (Hrsg.), Wa(h)re Gefühle, Berlin 2018, S. 268–291.

Jacques, Francis, L' Espace logique de l'interlocution, Paris 1985.

Jarass, Hans D., Die Freiheit der Massenmedien. Zur staatlichen Einwirkung auf Presse, Rundfunk, Film und neue Medien, Baden-Baden 1978.

Klamt, Martin, Öffentliche Räume, in: Eckardt, Frank (Hrsg.), Handbuch Stadtsoziologie, Baden-Baden 2012, S. 775–804.

Klute, Hilmar, «Jetzt mal langsam», Süddeutsche Zeitung v. 26.8.2021, S. 9.

Knell, Simon, National Galleries. The Art of Making Nations, London 2016.

Krischke, Wolfgang, «Einladung zum Exzess», Frankfurter Allgemeine Zeitung v. 2.11.2019, S. 17.

Leman, Patrick J./Cinnirella, Marco, Beliefs in conspiracy theories and the need for cognitive closure, Frontiers in Psychology 4 (2013), S. 1–10.

Lenski, Sophie-Charlotte, Personenbezogene Massenkommunikation als verfassungsrechtliches Problem. Das allgemeine Persönlichkeitsrecht in Konflikt mit Medien, Kunst und Wissenschaft, Berlin 2007.

Lenski, Sophie-Charlotte, Parteiengesetz und Recht der Kandidatenaufstellung, Baden-Baden 2011.

Lenski, Sophie-Charlotte, Öffentliches Kulturrecht. Materielle und immaterielle Kulturwerke zwischen Schutz, Förderung und Wertschöpfung, Tübingen 2013.

Lessing, Lawrence, They Don't Represent Us. Reclaiming Our Democracy, New York 2019.

Lindner, Josef Franz, Wahlen in Zeiten von Corona Teil 2: Infektionsschutzrecht bricht doch Wahlrecht?, Verfassungsblog v. 25.3.2020, ‹https://ver-fassungsblog.de/wahlen-in-zeiten-von-corona-teil-2/›.

Luhmann, Niklas, Die Realität der Massenmedien, 5. Aufl., Wiesbaden 2017.

Mahfud, Yara/Adam-Troian, Jaïs, «Macron demission!»: Loss of significance generates violent extremism for the Yellow Vests through feelings of anomia, Group Processes & Intergroup Relations 24 (2021), S. 108–124.

Meier, Henk Erik, Kommerzialisierung und Marktkonstitution. Zur politischen Konstruktion des Sportrechtemarktes, Medien & Kommunikationswissenschaft 4 (2004), S. 583–612.

Meinel, Florian, Das Bundesverfassungsgericht in der Ära der Großen Koalition: Zur Rechtsprechung seit dem Lissabon-Urteil, Der Staat 60 (2021), S. 43–98.

Menden, Alexander, «Bücher gibt es auch», Süddeutsche Zeitung v. 28.1. 2022, S. 12.

Milano, Claudio, Overtourism, malestar social y turismofobia. Un debate controvertido, Revista de Turismo y Patrimonio Cultural 16 (2018), S. 551–564.

Miller, Joanne M./Saunders, Kyle L./Farhart, Christina E., Conspiracy Endorsement as Motivated Reasoning: The Moderating Roles of Political Knowledge and Trust, American Journal of Political Science 60 (2015), S. 824–844.

Minkmar, Nils, «Am Ende ganz allein», Süddeutsche Zeitung v. 24./25.7. 2021, S. 15.

Mischke, Thilo, «Die unerträgliche Einsamkeit eines ‹Querdenkers›», Berliner Zeitung online v. 15.8.2021, ‹https://www.berliner-zeitung.de/wochenende/die-unertraegliche-einsamkeit-der-querdenker-li.176616›.

Möllers, Christoph, Demokratie. Zumutungen und Versprechen, Berlin 2008.

Möllers, Christoph/Weinberg, Nils, Die Klimaschutzentscheidung des Bundesverfassungsgerichts, Juristenzeitung 2021, S. 1069–1078.

Mudde, Cas, Rechtsaußen, Berlin 2020.

Mudde, Cas/Kaltwasser, Cristóbal Rovira, Populism. A Very Short Introduction, Oxford 2017.

Müller, Lothar, «Litfasssäule», Süddeutsche Zeitung v. 24.1.2018, S. 12.

Müller, Jan-Werner, Was ist Populismus? Ein Essay, Berlin 2016.

Müller, Jan-Werner, Freiheit, Gleichheit, Ungewissheit. Wie schafft man Demokratie?, Berlin 2021.

Nachtwey, Oliver/Schäfer, Robert/Frei, Nadine, Politische Soziologie der Corona-Proteste, Paper DOI 10.31235/osf.io/zyp3f (2020).

Neverla, Irene, «Lügenpresse» – Begriff ohne jede Vernunft? Eine alte Kampfvokabel in der digitalen Mediengesellschaft, in: Lilienthal, Volker/ Neverla, Irene (Hrsg.), Lügenpresse. Anatomie eines politischen Kampf-begriffs, Köln 2017, S. 18–44.

OECD (Hrsg.), Growing Unequal? Income Distribution and Poverty in OECD Countries, Paris 2008.

Oppelland, Torsten, Die thüringische Landtagswahl vom 27. Oktober 2019: Das nächste Experiment – eine rot-rot-grüne Minderheitsregierung mit Verfallsdatum, Zeitschrift für Parlamentsfragen 2020, S. 325–348.

Orr, Graeme, Ritual and Rhythm in Electoral Systems. A Comparative Le-gal Account, London 2015.

Pappi, Franz Urban, Politisierte Sozialstruktur und Wählerverhalten bei Bundestagswahlen, Historische Sozialforschung, Supplement No. 27 (2015).

Paßmann, Johannes, Die soziale Logik des Likes. Eine Twitter-Ethnografie, Frankfurt a. M. 2018.

Paukstat, Adrian/Ellwanger, Cedric, «Wir sind das Volk». Narrative identity and the other in the discourse of the pegida movement, Contention. The Multidisciplinary Journal of Social Protest 4 (2016), S. 93–107.

Payandeh, Mehrdad, Die Neutralitätspflicht staatlicher Amtsträger im öf-fentlichen Meinungskampf. Dogmatische Systembildung auf verfas-sungsrechtlich zweifelhafter Grundlage, Der Staat 55 (2016), S. 519–550.

Peifer, Karl-Nikolaus, Netzwerkdurchsuchungsgesetz: Selbstbehauptung des Rechts oder erster Schritt in die selbstregulierte Vorzensur?, Archiv für Presserecht 2018, S. 14–23.

Pittelkow, Sebastian/Riedel, Katja/Schmidt, Martin, «Meuthen verlässt die AfD», Tagesschau online v. 28.01.2022, ‹https://www.tagesschau.de/inves-tigativ/ndr-wdr/afd-vorsitz-meuthen-101.html›.

Planert, Ute, Antifeminismus im Kaiserreich, Göttingen 1998.

Platon, Sämtliche Werke, Bd. II, Berlin 1940.

Pörksen, Bernhard, Die große Gereiztheit. Wege aus der kollektiven Erre-gung, München 2018.

Pries, Ludger, Die Transnationalisierung der sozialen Welt. Sozialräume jenseits von Nationalgesellschaften, Berlin 2007.

Reckwitz, Andreas, Das Ende der Illusionen. Politik, Ökonomie und Kultur in der Spätmoderne, Berlin 2019.

Richter, Hedwig, Demokratie. Eine deutsche Affäre, München 2021.

Röcke, Anja, Soziologie der Selbstoptimierung, Berlin 2021.

Roose, Jochen, Politische Polarisierung in Deutschland, Berlin 2021.

Rüthers, Bernd/Fischer, Christian/Birk, Axel, Rechtstheorie und Juristische Methodenlehre, 12. Aufl., München 2022.

Sartre, Jean-Paul, Élections, piège à cons, Les Temps Modernes 28 (1973), S. 1099–1108.

Schaad, Martin, «Dann geh doch rüber». Über die Mauer in den Osten, Berlin 2009.

Schäfer, Armin, Der Verlust politischer Gleichheit. Warum die sinkende Wahlbeteiligung der Demokratie schadet, Frankfurt a. M. 2015.

Schauerte, Thorsten, Die Entwicklung des Verhältnisses zwischen Sport und Medien, in: ders./Schwier, Jürgen (Hrsg.), Die Ökonomie des Sports in den Medien, Köln 2004, S. 83–104.

Schloemann, Johan, «Rücksicht für die Rücksichtslosen?», Süddeutsche Zeitung v. 25./26.12.2021, S. 2.

Schlögl, Rudolf, Vergesellschaftung unter Anwesenden. Zur kommunikativen Form des Politischen in der vormodernen Stadt, in: ders. (Hrsg.), Interaktion und Herrschaft. Die Politik der frühneuzeitlichen Stadt, Konstanz 2004, S. 9–62.

Schlögl, Rudolf, Kommunikation und Vergesellschaftung unter Anwesenden. Formen des Sozialen und ihre Transformation in der Frühen Neuzeit, Geschichte und Gesellschaft 2008, S. 155–224.

Schlögl, Rudolf, Anwesende und Abwesende. Grundrisse für eine Gesellschaftsgeschichte der Frühen Neuzeit, Konstanz 2014.

Schmitt, Carl, Verfassungslehre, München 1928.

Schönberger, Christoph, Erwiderung: Der introvertierte Rechtsstaat als Krönung der Demokratie? Zur Entgrenzung von Art. 38 GG im Europaverfassungsrecht, Juristenzeitung 2010, S. 1160–1164.

Schönberger, Christoph, Vom Verschwinden der Anwesenheit in der Demokratie. Präsenz als bedrohtes Fundament von Wahlrecht, Parteienrecht und Parlamentsrecht, Juristenzeitung 2016, S. 486–494.

Schönberger, Christoph, Geschichten vom Reich, Geschichten vom Recht: Der Fortbestand des Deutschen Reiches als rechtliche Imagination, in: ders./Schönberger, Sophie (Hrsg.), Die Reichsbürger. Verfassungsfeinde zwischen Staatsverweigerung und Verschwörungstheorie, Frankfurt a. M. 2020, S. 37–70.

Schönberger, Christoph, «Der rechte, rechte Platz ist leer», Frankfurter Allgemeine Zeitung v. 17.12.2021, S. 13.

Schönberger, Christoph, Auf der Bank, München 2022.

Schönberger, Christoph/Schönberger, Sophie, Die AfD im Bundestag. Zum rechtlichen Umgang mit einem parlamentarischen Neuling, Juristenzeitung 2018, S. 105–114.

Schönberger, Christoph/Schönberger, Sophie, Die Reichsbürger als Herausforderung für Staat, Recht und Wissenschaft. Eine Einführung, in: dies. (Hrsg.), Die Reichsbürger. Verfassungsfeinde zwischen Staatsverweigerung und Verschwörungstheorie, Frankfurt a. M. 2020, S. 11–22.

Schönberger, Christoph/Schönberger, Sophie, «Regiert bald ein Notausschuss?», Frankfurter Allgemeine Zeitung v. 26.3.2020, S. 9.

Schönberger, Sophie, Wandel des Verhältnisses von Staat und Gesellschaft – Folgen für Grundrechtstheorie und Grundrechtsdogmatik, in: Veröffentlichungen der Vereinigung der Deutschen Staatsrechtslehrer 79 (2020), S. 291–318.

Schönberger, Sophie, Das Imaginäre des Rechts: Wer ist hier eigentlich verrückt?, in: Schönberger, Christoph/Schönberger, Sophie (Hrsg.), Die Reichsbürger. Verfassungsfeinde zwischen Staatsverweigerung und Verschwörungstheorie, Frankfurt a. M. 2020, S. 159–186.

Schönberger, Sophie, Was soll zurück? Die Restitution von Kulturgütern im Zeitalter der Nostalgie, München 2021.

Schönberger, Sophie, Zwischen Parteitag und Fernsehshow – Parteienrecht in Zeiten der Corona-Pandemie, Zeitschrift für Parteienwissenschaften (MIP) 2021, S. 22–28.

Schönecker, Dieter, Bedrohte Wissenschaftsfreiheit: Alles nur Einzelfälle?, Merkur-Blog v. 10.2.2021, ‹https://www.merkur-zeitschrift.de/2021/02/10/bedrohte-wissenschaftsfreiheit-alles-nur-einzelfaelle/›.

Schwarte, Ludger, Einleitung: Ausstellungswert und Musealisierung, Paragrana. Internationale Zeitschrift für Historische Anthropologie 26 (2017), S. 9–14.

Selle, Klaus, Öffentliche Räume in der europäischen Stadt – Verfall und Ende oder Wandel und Belebung? Reden und Gegenreden, in: Siebel, Walter (Hrsg.), Die europäische Stadt, Frankfurt a. M. 2004, S. 123–136.

Signori, Gabriela, Der Stellvertreter. Oder: Wie geht eine Anwesenheitsgesellschaft mit Abwesenheit um?, Zeitschrift der Savigny-Stiftung für Rechtsgeschichte. Germanistische Abteilung 132 (2015), S. 1–22.

Sinder, Rike, Anthropozänes Verfassungsrecht als Antwort auf den anthropogenen Klimawandel, Juristenzeitung 2021, S. 1078–1087.

Stallberg, Friedrich W., Die Entdeckung der Einsamkeit. Der Aufstieg eines unerwünschten Gefühls zum sozialen Problem, Wiesbaden 2021.

Sternberg-Lieben, Detlev/Schittenhelm, Ulrike, Kommentierung zu § 130 StGB, in: Schönke, Adolf/Schröder, Horst (Hrsg.), Kommentar zum Strafgesetzbuch, 30. Aufl., München 2019.

Treinen, Heiner, Ansätze zu einer Soziologie des Museumswesens, in: Albrecht, Günter/Daheim, Hansjürgen/Sack, Fritz (Hrsg.), Soziologie. René König zum 65. Geburtstag, Wiesbaden 1973, S. 336–353.

Ullrich, Wolfgang, Habenwollen. Wie funktioniert die Konsumkultur?, Frankfurt a. M. 2006.

Ullrich, Wolfgang, Selfies. Digitale Bildkulturen, 2. Aufl., Berlin 2019.

von Hodenberg, Anna-Lena/Ballon, Josephine, Stell Dich nicht so an – ist ja bloß das Internet, Deutsche Richter-Zeitung 2021, S. 132–133.

Waldenfels, Bernhard, Dialogische Untersuchungen. Francis Jacques' Weg von der Intersubjektivität zur Interlokution, Philosophische Rundschau 1989, S. 218–231.

Weber, Silvana/Knorr, Elena, Kognitive Verzerrungen und die Irrationalität des Denkens, in: Appel, Markus (Hrsg.), Die Psychologie des Postfaktischen. Über Fake News, «Lügenpresse», Clickbaiting & Co., Wiesbaden 2020, S. 103–115.

Weissmüller, Laura, «Come Together», SZ v. 30.12.2021, S. 9.

Wernicke, Christian, «Ultimatum an den ‹Flügel›», SZ v. 10.7.2019, S. 6.

Williamson, Andy, Virtual Members: Parliaments During the Pandemic, POLITICAL INSIGHT 2020, S. 40.

Zacharias, Wolfgang, Zeitphänomen Musealisierung. Zur Einführung, in: ders. (Hrsg.), Zeitphänomen Musealisierung. Das Verschwinden der Gegenwart und die Konstruktion der Erinnerung, Essen 1990, S. 9–30.

Anmerkungen

I. Einleitung: Wellen der Demokratie

1 Vgl. nur *Huntington,* The Third Wave: Democratization in the Late Twentieth Century, 1991; *Gunitsky,* Democratic Waves in Historical Perspective, Perspectives on Politics 16 (2018), 634–651.

2 S. dazu *Schönberger/Schönberger* (Hrsg.), Die Reichsbürger, 2020.

3 *Pittelkow/Riedel/Schmidt,* «Meuthen verlässt die AfD», ‹https://www.tagesschau.de/investigativ/ndr-wdr/afd-vorsitz-meuthen-101.html›.

4 Neuer Phänomenbereich «Verfassungsschutzrelevante Delegitimierung des Staates», Kurzmeldung des Bundesamtes für Verfassungsschutz v. 29.4.2021, ‹https://www.verfassungsschutz.de/SharedDocs/kurzmeldungen/DE/2021/2021-04-29-querdenker.html›.

5 Begriffsprägend für die «Zumutungen» der Demokratie insofern *Möllers,* Demokratie – Zumutungen und Versprechen, 2008.

II. Wir. Zumutungen und Versprechen der Demokratie

1 Aus verfassungsgerichtlicher Perspektive s. dazu etwa Bundesverfassungsgericht, Urteil vom 31.10.1990, Amtliche Entscheidungssammlung Bd. 83, S. 37 (52).

2 S. nur *Bringmann,* Das Volk regiert sich selbst, 2019, S. 39; *Canfora,* Eine kurze Geschichte der Demokratie, S. 36 ff.

3 So für die historische Entwicklung in den USA *Lessing,* They Don't Represent Us, S. 7.

4 Vgl. *Platon,* Der Staat, 8. Buch (556d), in: ders., Sämtliche Werke, Berlin 1940, Bd. II, S. 309.

5 Umfassend dazu *Planert,* Antifeminismus im Kaiserreich, 1998.

6 Dabei soll natürlich nicht verkannt werden, dass es auch Gegnerinnen

des Frauenwahlrechts gab. Deren Argumentation blieb aber strukturell paradox: Denn wenn Frauen sich aufgrund ihrer natürlichen Eigenschaften aus dem politischen Leben fernhalten sollten, dann müsste dies auch für die Diskussion um ein Frauenwahlrecht gelten.

7 Nach der in Deutschland intensiv geführten Debatte um ein Ausländerwahlrecht in den 1980er Jahren hat sich hier die Debatte tatsächlich schwerpunktmäßig auf die Staatsangehörigkeit selbst verlagert. Grund dafür sind zwei Entscheidungen des Bundesverfassungsgerichts, die eine Beteiligung von Ausländern an Wahlen auf kommunaler, Landes- oder Bundesebene ohne Grundgesetzänderung ausschlossen (Bundesverfassungsgericht, Urteile v. 31.10.1990, Amtliche Entscheidungssammlung Bd. 83, S. 37 ff., 60 ff.). Eine Ausnahme bildet das kommunale Wahlrecht von Unionsbürgern, das aufgrund europarechtlicher Vorgaben eingeführt wurde. Um dies zu ermöglichen, wurde allerdings das Grundgesetz geändert.

8 Davon unterscheiden sich die Vorgänge um die Abgeordnetenhaus- und Bundestagswahl im Land Berlin im September 2021. Zwar kam es auch hier zu zum Teil stundenlangen Wartezeiten für die Stimmabgabe. Die dadurch entstehende Problematik, dass sich Wähler möglicherweise von der Stimmabgabe haben abschrecken lassen, war hier allerdings ein allgemeines demokratisches Problem, kein spezifisches Problem demokratischen Ausschlusses, weil keine bewusste Strategie der Ausgrenzung bestimmter Bevölkerungsteile, sondern schlicht ein beunruhigendes Ausmaß an Verwaltungsversagen die Ursache war.

9 *Fourquet,* L'archipel français, zitiert nach *Müller,* Freiheit, Gleichheit, Ungewissheit, S. 42.

10 Vgl. dazu insgesamt etwa *Pappi,* Politisierte Sozialstruktur und Wählerverhalten bei Bundestagswahlen. Historische Sozialforschung. Supplement No. 27, 2015.

11 Stand der Daten: 2019. Quelle: Statistisches Bundesamt, ‹https://www. destatis.de/DE/Themen/Gesellschaft-Umwelt/Bevoelkerung/Haushalte-Familien/Tabellen/lrbev05.html›.

12 Gesis-Zuma (Hrsg.), System Sozialer Indikatoren für die Bundesrepublik Deutschland: Schlüsselindikatoren 1950–2005, S. 93.

13 Vgl. dazu *Oppelland,* Zeitschrift für Parlamentsfragen 2020, 325 (341 ff.).

14 Videoausschnitt der Pressekonferenz vom 6.2.2020, abrufbar unter

‹https://www.faz.net/aktuell/politik/merkel-in-pretoria-kemmerichs-wahl-ist-unverzeihlich-16620209.html›.

15 So etwa prominent die Grünen-Vorsitzende Katrin Göring-Eckardt, Rheinische Post v. 6.2.2020, S. 4.

16 ‹https://www.zeit.de/politik/deutschland/2020-02/thueringen-cdu-werteunion-tobias-hans-kritik-ausschluss›.

17 *Schaad,* Dann geh doch rüber, 2009, S. 119.

18 *Bender/Frasch,* Atombomben auf Besenstiele, Frankfurter Allgemeine Zeitung v. 31.10.2016, S. 4.

19 Vgl. *Schönberger,* Innerparteiliche Demokratie und autoritäre Führungs-struktur: zur Absetzung des AfD-Landesvorstands in Niedersachsen, Verfassungsblog v. 2.2.2018, ‹https://verfassungsblog.de/innerparteili-che-demokratie-und-autoritaere-fuehrungsstruktur-zur-absetzung-des-afd-landesvorstands-in-niedersachsen/›.

20 *Wernicke,* «Ultimatum an den Flügel», Süddeutsche Zeitung v. 10.7.2019, S. 6.

21 ‹https://www.zeit.de/politik/deutschland/2020-03/saarland-afd-landes-vorstand-absetzung-bundesvorstand›.

22 Gerichtliche Maßnahmen gegen den Ausschluss Kalbitz', der technisch gesehen eine Anfechtung seiner Mitgliedschaft war, blieben im einstwei-ligen Rechtsschutz erfolglos, vgl. Kammergericht Berlin, KG Berlin, Urteil vom 22.1.2021, Aktenzeichen 7 U 1081/20. Noch ist unklar, ob sich Kalbitz im Hauptsacheverfahren weiter gegen seinen Ausschluss wehren wird.

23 § 10 Absatz 4 Parteiengesetz.

24 § 16 Parteiengesetz.

25 *Lenski,* Parteiengesetz und Recht der Kandidatenaufstellung, 2011, § 16 Rn. 4.

26 Art. 21 Absatz 1 Satz 3 Grundgesetz.

27 So die Selbstbeschreibung auf ‹https://www.netzwerk-wissenschaftsfrei-heit.de/›.

28 ‹https://www.netzwerk-wissenschaftsfreiheit.de/ueber-uns/manifest/›.

29 *Schönecker,* Bedrohte Wissenschaftsfreiheit: Alles nur Einzelfälle?, ‹https://www.merkur-zeitschrift.de/2021/02/10/bedrohte-wissenschafts-freiheit-alles-nur-einzelfaelle/›.

30 «Über die Wirkungsmacht öffentlicher Bekenntnisse», Interview mit Deutschlandfunk Kultur v. 5.2.2021, ‹https://www.deutschlandfunkkul-

tur.de/der-tag-mit-andreas-roedder-ueber-die-wirkungsmacht.2950.
de.html?dram:article_id=492039›.

31 Prägnant wiederum *Schönecker*, Bedrohte Wissenschaftsfreiheit: Alles
nur Einzelfälle?, ‹https://www.merkur-zeitschrift.de/2021/02/10/be-
drohte-wissenschaftsfreiheit-alles-nur-einzelfaelle/›.

32 Vgl. etwa auch *Ackermann, Die neue Schweigespirale*, S. 29 ff.

33 «Was nicht genehm ist, wird abgelehnt», Interview mit Sandra Kostner
und Andreas Rödder, DIE ZEIT Nr. 6/2021 v. 4.2.2021.

34 Vgl. auch ausdrücklich *Ackermann, Die neue Schweigespirale*, S. 29:
«Der moralisch-politische Druck wird angeführt und aufgebaut von mi-
noritären Gruppen».

35 Das in spanischer Sprache verfasste Gedicht lautet: «avenidas/avenidas y
flores/flores/flores y mujeres/avenidas/avenidas y mujeres/avenidas y
flores y mujeres y/un admirador». Übersetzt ist der Wortlaut etwa: «Al-
leen/Alleen und Blumen/Blumen/Blumen und Frauen/Alleen/Alleen
und Frauen/Alleen und Blumen und Frauen und/ein Bewunderer».
Zum Vorgang vgl. nur *Müller*, «Litfasssäule», SZ v. 24.1.2018, S. 12.

36 «Kopftuch-Debatte in Frankfurt», SZ v. 27./28.4.2019, S. 19.

37 Die Präsidentin der Goethe-Universität, Medienstatement «Verteidi-
gung der Wissenschaftsfreiheit» v. 8.5.2019, abrufbar unter ‹https://www.
normativeorders.net/de/presse/pressemitteilungen/41-presse/presse-
mitteilungen/7214-verteidigung-der-wissenschaftsfreiheit›.

38 *Krischke*, «Einladung zum Exzess», Frankfurter Allgemeine Zeitung v.
2.11.2019, S. 17.

39 So die Interpretation von *Lauer*, Vom falschen Umgang mit Kritik,
Deutschlandfunk Kultur v. 23.8.2020, ‹https://www.deutschlandfunk-
kultur.de/philosophischer-kommentar-zur-cancel-culture-debatte-
vom.2162.de.html?dram:article_id=482776›.

40 Video abrufbar unter ‹https://www.youtube.com/watch?v=_fnja9q
N2vM›.

41 Vgl. dazu nur *Paukstat/Ellwanger*, Contention 4 (2016), 93 ff.

42 AfD-Parteiprogramm, Stand: 7.10.2020, S. 8, abrufbar unter ‹https://
www.bundeswahlleiter.de/dam/jcr/e7f3790a-e688-47fa-b1b5-
3a28166a55dd/afd.pdf›.

43 Zur Verwendung des Begriffs s. *Neverla*, in: Lilienthal/Neverla (Hrsg.),
Lügenpresse, 2017, S. 18 ff.

44 AfD-Parteiprogramm, Stand: 7.10.2020, S. 49, abrufbar unter ‹https://
www.bundeswahlleiter.de/dam/jcr/e7f3790a-e688-47fa-b1b5-
3a28166a55dd/afd.pdf›.

45 Bundestags-Plenarprotokoll 19/32, S. 2972 D.

46 Vgl. auch *Detering,* Was heißt hier ‹wir›?, 2019, S. 10 f.

47 «Curio: Erzählung vom angeblichen Multikulti-Erfolgsmodell war Regierung wichtiger als Bekämpfung des Corona-Virus», Erklärung vom
3.3.2021, abrufbar unter ‹https://www.afdbundestag.de/curio-erzaeh-
lung-vom-angeblichen-multikulti-erfolgsmodell-war-regierung-wich-
tiger-als-bekaempfung-des-corona-virus/›.

48 Zur internationalen Entwicklung des Rechtspopulismus in den letzten
Jahren vgl. nur das instruktive Werk von *Mudde,* Rechtsaußen, 2020.

49 Bundestags-Plenarprotokoll 19/22, S. 1822 C, Hervorhebungen durch die
Verfasserin.

50 Bundesverfassungsgericht, Beschluss der 3. Kammer des Ersten Senats
vom 18. Juli 2015, Aktenzeichen 1 BvQ 25/15.

51 Bundesverfassungsgericht, Urteil des Ersten Senats vom 22. Februar
2011, Aktenzeichen 1 BvR 699/0.

52 Bundesverfassungsgericht, Beschluss des Ersten Senats vom 11. April
2018, Aktenzeichen 1 BvR 3080/09.

53 S. hierzu und zum Folgenden *Schönberger,* Veröffentlichungen der Vereinigung der Deutschen Staatsrechtslehrer 79 (2020), 291 (294 ff.).

54 Vgl. etwa grundlegend für die Entwicklung in der frühen Neuzeit
Schlögl, Anwesende und Abwesende, 2014; zuvor schon *ders.,* Geschichte und Gesellschaft 34 (2008), 155 ff.; *ders.,* in: *ders.* (Hrsg.), Interaktion und Herrschaft, 2004, 9 ff.; für das Spätmittelalter vgl. exemplarisch *Signori,* Zeitschrift der Savigny-Stiftung für Rechtsgeschichte.
Germanistische Abteilung, Bd. 132 (2015), 1 ff.

55 Vgl. etwa nur prägnant *Pries,* Die Transnationalisierung der sozialen
Welt, 2007, S. 28.

56 *Augé,* Nicht-Orte, S. 59 f.

57 *Augé,* Nicht-Orte, S. 59.

58 Vgl. dazu nur *Augé,* Nicht-Orte, S. 70.

59 S. dazu etwa nur *Gwiazdzinski,* Le rond-point totem, média et place publique d'une France en jaune, Multitudes n°74, février 2019.

60 Vgl. zu dieser Entwicklung etwa nur *Klamt,* in: Eckardt (Hrsg.), Hand-

buch Stadtsoziologie, 2012, 775 ff.; *Selle*, in: Siebel (Hrsg.), Die europäische Stadt, 2004, 131 ff.

61 Wesentlicher Auslöser für die Kommerzialisierung war dabei die Einführung der dualen Rundfunkordnung, die eine Vermarktung von Übertragungsrechten im privaten Rundfunk grundsätzlich ermöglichte, vgl. *Schauerte*, in: ders./Schwier (Hrsg.), Die Ökonomie des Sports in den Medien, 2004, 84 ff.; *Meier*, Medien & Kommunikationswissenschaft 2004, 583 ff.

62 Vgl. *Treinen*, in: Albrecht/Daheim/Sack (Hrsg.), Soziologie. René König zum 65. Geburtstag, 1973, 336 (339 ff.); *Zacharias*, in: ders. (Hrsg.) Zeitphänomen Musealisierung, 1990, 9 (11 f.); *Déotte*, in: Rüsen/Ernst/Grüter (Hrsg.), Geschichte sehen, 1988, 100 (100 f.); *Schwarte*, Paragrana 26 (2017), 9 (10).

63 *Brock*, in: Zacharias (Hrsg.), Zeitphänomen Musealisierung, 1990, 51 (54).

64 *Lenski*, Öffentliches Kulturrecht, 2013, S. 4.

65 Zum Phänomen vgl. etwa nur den Überblick bei *Milano*, Revista de Turismo y Patrimonio Cultural 16 (2018), 551 ff.

66 *Dignös*, «Bustickets für Hallstatt», Süddeutsche Zeitung v. 18./19.4.2019, 37.

67 *Hepp*, Netzwerke der Medien, 2004, S. 125 ff., beschreibt diese Entwicklung, die er auf die Globalisierung zurückführt, mit den Konzepten der physischen und kommunikativen Deterritorialisierung, die gegenseitig aufeinander verweisen.

68 *Flade*, Third Places, 2017, S. 104.

III. Ich und Ihr.
Parameter demokratischer Gemeinschaft

1 Vgl. *Illouz*, in: dies. (Hrsg.), Wa(h)re Gefühle, 2018, S. 268 ff.

2 Zur Geschichte der Psychotherapeutisierung in der Bundesrepublik vgl. Maasen/Elberfeld/Eitler/Tändler (Hrsg.), Das beratene Selbst, 2011.

3 Umfassend dazu *Röcke*, Soziologie der Selbstoptimierung, 2021.

4 Zu Recht weist *Reckwitz*, Das Ende der Illusionen, 2019, S. 210, auf die Ursprünge in der Jugendkultur hin.

5 *Reckwitz*, Das Ende der Illusionen, 2019, S. 210.

6 Grundlegend dazu *Goffman*, Wir alle spielen Theater, 1956.

7 Umfassend dazu *Ullrich*, Habenwollen, 2006.

8 Dazu grundlegend immer noch *Franck*, Ökonomie der Aufmerksamkeit, 1998.

9 Umfassend *Ulrich*, Selfies, 2. Aufl. 2019.

10 Das bedeutet freilich nicht, dass nicht auch für die Bildsprache von Selfies bestimmte soziale Konventionen existieren würden – ganz im Gegenteil sind sie ein interessantes Beispiel dafür, wie sich solch rein visuellen Codes global entwickeln können. Diese Form der Konventionalität ist aber gerade nicht in über den kommunikativen Zweck hinausgehende soziale Beziehungen eingebettet.

11 Vgl. etwa nur *Paßmann*, Die soziale Logik des Likes, 2018.

12 «Ice Cream Rolls», ‹https://www.youtube.com/channel/UCAon55hN-T6ESbdQ5y1hRWTA›.

13 *Ulrich*, Selfies, 2. Aufl. 2019, S. 15, verweist darauf, dass auch ein Selfie den jeweiligen Akteur vor allem als Repräsentanten eines Milieus, einer Situation oder einer Konstellation zeige. Genau damit wird letztlich die Imitation einer sozialen Beziehung angezeigt, die im Bild eben nur dargestellt wird.

14 Von einer «Empörungsdemokratie» spricht *Pörksen*, Die große Gereiztheit, 2018.

15 Zur Verbreitung des entsprechenden Hashtags #Laschetlacht aus empirischer Sicht s. den Blogbeitrag auf ‹https://zahlen-zur-wahl.de/index.php/blog/11-laschetlacht›.

16 Zur empörten Debatte gerade über dieses Verkehrsmittel vgl. nur *Klute*, «Jetzt mal langsam», Süddeutsche Zeitung v. 26.8.2021, S. 9.

17 Ein prominentes Beispiel dafür bietet die Bundestagsabgeordnete Renate Künast, die in einem vielbeachteten Verfahren versuchte, sich gerichtlich gegen besonders aggressive und abwertende Beleidigungen zu wehren, s. dazu Kammergericht Berlin, Multimedia und Recht 2020, 867; Bundesverfassungsgericht, Beschluss vom 19. Dezember 2021, Aktenzeichen 1 BvR 1073/20; sowie *von Hodenberg/Ballon*, Deutsche Richter-Zeitung 2021, 132 f.

18 Umfassend dazu aus historischer Perspektive *Frevert*, Die Politik der Demütigung, 2017.

19 Empirisch dazu *Eisenmann/Koch/Meyer*, in: Reichardt (Hrsg.), Die Misstrauensgemeinschaft der «Querdenker», 2021, S. 185 ff.

20 Ein Extrembeispiel dafür ist etwa die republikanische Abgeordnete im US-Repräsentantenhaus Marjorie Taylor Greene, die die Pflicht zum Tragen einer Maske mit der Pflicht zum Tragen eines Judensterns verglich, s. *Nobles*, «Marjorie Taylor Greene compares House mask mandates to the Holocaust», CNN online v. 21.05.2021, ‹https://edition.cnn.com/2021/05/21/politics/marjorie-taylor-greene-mask-mandates-holocaust/index.html›.

21 S. «AfD: Mit Plakatwagen und Flyern gegen Corona-Maßnahmen», NDR online v. 26.10.2020, ‹https://www.ndr.de/nachrichten/niedersachsen/AfD-Mit-Plakatwagen-und-Flyern-gegen-Corona-Massnahmen,afd2654.html›.

22 Exemplarisch insofern etwa Bayerischer Landtag, Schriftliche Anfrage der Abgeordneten Franz Bergmüller, Andreas Winhart AfD vom 17.09.2020, Drucksache 18/11 686, S. 1.

23 Vgl. nur statt vieler *Rüthers/Fischer/Birk*, Rechtstheorie, 11. Aufl. 2020, Rn. 63.

24 Bundesverfassungsgericht, Urteil vom 12.10.1993, Aktenzeichen 2 BvR 2134, 2159/92, Amtliche Entscheidungssammlung Bd. 89, S. 155 ff.

25 Artikel 38 Absatz 1 Satz 1 Grundgesetz.

26 Bundesverfassungsgericht, Urteil vom 12.10.1993, Aktenzeichen 2 BvR 2134, 2159/92, Amtliche Entscheidungssammlung Bd. 89, S. 171 f.

27 Gleiches gilt für den Verlust der Staatlichkeit der Bundesrepublik Deutschland und eine Verletzung des Sozialstaatsprinzips.

28 Vgl. dazu kritisch statt vieler nur *Christoph Schönberger*, Juristenzeitung 2010, S. 1160 ff.

29 Bundesverfassungsgericht, Beschluss vom 24. März 2021, Aktenzeichen 1 BvR 2656/18.

30 Vgl. etwa nur *Möllers/Weinberg*, Juristenzeitung 2021, 1069 ff.; *Sinder*, Juristenzeitung 2021, 1078 ff.; *Hofmann*, Neue Zeitschrift für Verwaltungsrecht 2021, 1587 ff.; jeweils mit weiteren Nachweisen.

31 Vgl. *Reckwitz*, Das Ende der Illusionen, 2019, S. 221.

32 *Reckwitz*, Das Ende der Illusionen, 2019, S. 231 f.

33 *Alexander*, Interview mit Armin Laschet, Welt am Sonntag v. 19.9.2021.

34 Vgl. dazu *Schönberger/Schönberger* (Hrsg.), Reichsbürger, 2019.

35 *Abalakina-Paap/Stephan/Craig/Gregory*, Political Psychology 20 (1999), 637 ff.; *Goertzel*, Political Psychology 15 (1994), 731 ff.; *Leman/Cinnirella*, Frontiers in Psychology 4 (2013), 1 ff.; *Miller/Saunders/Farhart*, American Journal of Political Science 60 (2015), 824 ff.

36 S. nur *Stallberg*, Die Entdeckung der Einsamkeit, 2021.

37 Vgl. *Dreitzel*, Die Einsamkeit als soziologisches Problem, 1970, S. 27.

38 So etwa anhand von vier vergleichenden empirischen Länderstudien *Adam-Troian et. al.*, Peace and Conflict: Journal of Peace Psychology 26 (2020), S. 217 ff.

39 *Mahfud/Adam-Troian*, Group Processes & Intergroup Relations 24 (2021), S. 108 ff.

40 *Anizon/Riché*, «Ce qui relie les gilets jaunes, c'est une souffrance et une solitude», L'Obs online, 13.2.2019, ‹https://www.nouvelobs.com/societe/20190212.OBS0032/exclusif-ce-qui-relie-les-gilets-jaunes-c-est-une-souffrance-et-une-solitude.html›.

41 Vgl. etwa *Minkmar*, «Am Ende ganz allein», Süddeutsche Zeitung v. 24./25.7.2021, S. 15; *Mischke*, Die unerträgliche Einsamkeit eines «Querdenkers», Berliner Zeitung online v. 15.8.2021, ‹https://www.berliner-zeitung.de/wochenende/die-unertraegliche-einsamkeit-der-querdenkerli.176616›.

42 So erheben die Studien von *Nachtwey/Schäfer/Frei*, Politische Soziologie der Corona-Proteste, Paper DOI 10.31235/osf.io/zyp3f, und *Grande/Hutter/Hunger/Kanol*, Alles Covidioten? Politische Potenziale des Corona-Protests in Deutschland, WZB-Discussion Paper ZZ 2021–601, zwar auch bestimmte demographische und sozioökonomische Daten, interessieren sich aber im Schwerpunkt für die politische Orientierung der Protestierenden oder der Sympathisanten.

43 Zu Natur und Begriff des Populismus existiert umfangreiche Forschungsliteratur. Die Differenzen in den einzelnen Ansätzen sollen hier nicht vertieft werden, weil sie Details betreffen, die im hiesigen Kontext ohne Belang sind. Vgl. zum Überblick etwa *Mudde/Kaltwasser*, Populism, S. 1 ff.

44 *Müller*, Was ist Populismus, 2016, S. 42.

45 So etwa der AfD-Abgeordnete Stefan Räpple im Landtag von Baden-Württemberg, s. Landtags-Plenarprotokoll 16/17 v. 10.11.2016, S. 777.

46 *Mudde/Kaltwasser,* Populism, S. 79 ff., weisen darauf hin, dass ein Konflikt populistischer Denkmuster mit dem Demokratieprinzip nur dann besteht, wenn man das Konzept Demokratie sich nicht in den Grundsätzen von Volkssouveränität und Mehrheitsentscheidung erschöpfen lässt, sondern insbesondere im Sinne einer liberalen Demokratie materiell anreichert. Dieses liberale Demokratieverständnis wird hier zugrunde gelegt.

47 *Müller,* Freiheit, Gleichheit, Ungewissheit, S. 24.

48 *Müller,* Freiheit, Gleichheit, Ungewissheit, S. 40.

49 Letztlich dürfte es sich dabei um einen klassischen Fall der in der Sozialpsychologie beobachteten kognitiven Dissonanz handeln: Der psychologisch unangenehme Widerstreit zwischen der Erkenntnis, dass richtigerweise die Mehrheitsentscheidung in der Demokratie verbindlich ist, und der gleichzeitig herrschenden Erkenntnis, mit der eigenen Position, die man durchsetzen will, in der Minderheit zu sein, wird dadurch aufgelöst, dass die eigene Position als die «echte» Mehrheit definiert wird. Vgl. zu diesem Theoriemodell grundlegend *Festinger,* Theorie der Kognitiven Dissonanz, 1978.

50 *Anderson,* Imagined Communities, 1983.

51 Vgl. hierzu und zum Folgenden *Schönberger,* Was soll zurück?, 2021, S. 31 ff.

52 Vgl. *Knell,* National Galleries. The Art of Making Nations, 2016, S. 3 ff.

53 Rede vom 18.1.2017, in Auszügen dokumentiert unter ‹https://www.zeit.de/news/2017-01/18/parteien-die-hoecke-rede-von-dresden-in-wortlaut-auszuegen-18171207›.

54 Rede vom 2.6.2018, Text im Wortlaut abrufbar unter ‹https://www.afd-bundestag.de/wortlaut-der-umstrittenen-passage-der-rede-von-alexander-gauland/›.

55 Redebeitrag auf einer Veranstaltung der «Jungen Alternative» am 17.01.2017 im Ballhaus Watzke, Dresden. Die Aussage ist dokumentiert im Bericht des Bundesamtes für Verfassungsschutz zur AfD, der auf der Seite von Netzpolitik.org veröffentlicht wurde, ‹https://netzpolitik.org/2019/wir-veroeffentlichen-das-verfassungsschutz-gutachten-zur-afd/#2019-01-15_BfV-AfD-Gutachten_Quelle-366›.

56 Wahlkampfrede in Rottweil am 18.09.2017. Die Aussage ist dokumentiert im Bericht des Bundesamtes für Verfassungsschutz zur AfD, der

auf der Seite von Netzpolitik.org veröffentlicht wurde, ‹ https://netzpolitik.org/2019/wir-veroeffentlichen-das-verfassungsschutz-gutachten-zur-afd/#2019-01-15_BfV-AfD-Gutachten_Quelle-366›.

57 Auch jenseits dieser weit rechtsstehenden populistischen Milieus reichen entsprechende Muster aktuell bis in die wissenschaftliche Auseinandersetzung hinein und führen vor allen Dingen in der Geschichtswissenschaft zu erheblichen neuen Kontroversen. Prägnante Beispiele dafür sind die Kontroverse um die nachträgliche Deutung des Kaiserreichs sowie die Auseinandersetzung um die Rolle des ehemaligen deutschen Kronprinzen bei der Etablierung des Nationalsozialismus. Im Hinblick auf die Debatte um das Kaiserreich erkennt etwa der Historiker *Eckart Conze* bei einem Teil des Publikums eine große Sehnsucht nach historischer Entlastung und einem befreiten und befreienden Blick auf die Geschichte, der insbesondere den publizistischen Erfolg von Werken wie *Christopher Clark,* Die Schlafwandler, sowie *Hedwig Richter,* Demokratie. Eine deutsche Affäre, erkläre, *Conze,* Blätter für deutsche und internationale Politik 12/2021, 85 (88).

IV. Zusammenfinden und Auseinanderdriften

1 Das bedeutet freilich nicht, dass populistische Machthaber tatsächlich ein Interesse an einer stärkeren direktdemokratischen Willensbildung hätten. Ganz im Gegenteil: Eine freie direkte Willensbildung würde vielmehr möglicherweise ihren Anspruch unterminieren, ohnehin zu wissen, was der Wille des «wahren» Volkes ist, vgl. *Müller,* Freiheit, Gleichheit, Ungewissheit, 2021, S. 39.

2 Vgl. zu diesen Aspekten aus verfassungsrechtlicher Sicht etwa nur Bundesverfassungsgericht, Amtliche Entscheidungssammlung Bd. 21, S. 200 ff.; Bd. 59, S. 119 ff.; Bd. 134, S. 25 ff.

3 Zur Bedeutung der Ritualisierung bei der Wahl s. etwa *Orr,* Ritual and Rhythm in Electoral Systems, 2015.

4 Vgl. hierzu *C. Schönberger,* Juristenzeitung 2016, 486 ff.

5 Diese Vereinzelung beim Wahlakt hat immer wieder bei Verächtern der parlamentarischen Demokratie für Spott über die künstliche Lösung sozialer Einbindung gesorgt, s. nur *Schmitt,* Verfassungslehre, 1928, S. 245 f.; *Sartre,* Les temps modernes 28 (1973), 1099 (1100 f.).

6 Für die Wahlen auf Landes- und Kommunalebene gelten entsprechende Regeln. International handelt es sich dabei allerdings keineswegs um eine absolute Selbstverständlichkeit. So gibt es auch Länder, die eine Briefwahl nicht systematisch vorsehen. In Frankreich wurde die Möglichkeit der Briefwahl für im Inland lebende Wählerinnen und Wähler durch Gesetz Nr. 75-1329 vom 31.12.1975 abgeschafft. Ein Gesetzgebungsvorschlag im Zusammenhang mit der Corona-Pandemie, die Möglichkeit der Briefwahl wiedereinzuführen, fand keine parlamentarische Mehrheit.

7 Bundesverfassungsgericht, Amtliche Entscheidungssammlung, Bd. 134, 25 ff. Zur verfassungsrechtlichen Kritik an dieser Entscheidung s. *C. Schönberger,* Juristenzeitung 2016, 486 ff.

8 Im Jahr 2005 lag die Wahlbeteiligung bei 77,7 %, im Jahr 2021 bei 76,6 %.

9 Ähnliche, wenn auch zum Teil weniger drastische Effekte zeigten sich bei den Landtagswahlen in diesem Zeitraum. So lag etwa bei der Landtagswahl in Sachsen-Anhalt am 6.6.2021 der Briefwähleranteil bei «nur» 29,1 %. Allerdings betrug hier auch die Wahlbeteiligung nur etwa 60 %. Das drastischste Beispiel für die Verschiebungen durch die Corona-Pandemie stellt die Stichwahl zur bayerischen Kommunalwahl im März 2020 dar. Unter dem Eindruck des ersten, noch von großen Unsicherheiten mit dem Virus geprägten Lockdown fanden diese allein im Wege der Briefwahl statt – ein bis dahin einmaliger Vorgang. Zur rechtlichen Einordnung dieser Maßnahme s. *Lindner*, Wahlen in Zeiten von Corona Teil 2: Infektionsschutzrecht bricht doch Wahlrecht?, VerfBlog, 2020/3/25, ‹https://verfassungsblog.de/wahlen-in-zeiten-von-corona-teil-2/›.

10 Im Rahmen der Corona-Pandemie wurden gerade zu Beginn in verschiedenen Parlamenten Instrumente erprobt, um Sitzungsteilnahmen und Abstimmungen auch ohne körperliche Anwesenheit zu ermöglichen. Vereinzelt gab es die Möglichkeit der Fernabstimmung auch bereits vor der Pandemie, so etwa in der spanischen Nationalversammlung, vgl. den Überblick bei *Williamson*, POLITICAL INSIGHT 2020, S. 40.

11 Dieses Problem war zuvor dadurch entschärft worden, dass die Geschäftsordnung des Bundestages so geändert wurde, dass zur Beschlussfähigkeit des Parlaments nur noch ein Viertel statt wie vorher die Hälfte

der Abgeordneten anwesend sein mussten. Dementsprechend war auch die Zahl der im Plenum Anwesenden zunächst während der Pandemie deutlich zurückgegangen. Nach der Bundestagswahl 2021 verschärfte sich das Problem allerdings wieder, da zum einen die Anzahl der Abgeordneten durch die Besonderheiten des Wahlrechts gegenüber der vorhergehenden Legislaturperiode noch einmal anstieg und zum anderen bei der konstituierenden Sitzung, aber etwa auch bei der Sitzung zur Kanzlerwahl der Großteil der Abgeordneten auch tatsächlich anwesend sein wollte.

12 S. Bundestags-Plenarprotokoll 20/1, S. 4 C. Die Maßnahme wurde später durch die neue Bundestagspräsidentin Bärbel Bas fortgesetzt und vom Plenum bestätigt, Bundestags-Plenarprotokoll 20/2, S. 1.

13 Allgemeinverfügung der Präsidentin zu Corona-Schutzmaßnahmen im Deutschen Bundestag v. 9.2.2022, abrufbar unter ‹https://web.archive.org/web/20220210044721/https://www.bundestag.de/allgemeinverfuegung›. Im März 2022 wurde diese Regelung wieder abgeschwächt, im Plenum galt nun wieder die 3G-Regelung.

14 S. nur *C. Schönberger*, Der rechte, rechte Platz ist leer, FAZ v. 17.12.2021, S. 13.

15 Bundestags-Drucksache 20/268 v. 14.12.2021.

16 Die SPD-Abgeordnete Katja Mast führte insofern aus: «Wer sitzt künftig neben der AfD im Deutschen Bundestag? Das ist das eigentliche Thema, über das wir reden, und ich verstehe jeden hier im Haus, der sich schämt, neben Ihnen zu sitzen», ohne jedoch auf diesen Punkt im Folgenden weiter einzugehen, Bundestags-Plenarprotokoll 20/9 v. 16.12.2021, S. 453 B.

17 Abg. *Stephan Brandner*, Bundestags-Plenarprotokoll 20/9 v. 16.12.2021, S. 452 D.

18 Dies war vor allen Dingen zu Beginn der ersten Legislaturperiode im Bundestag ein beliebtes Narrativ. Mit zunehmendem Fortschritt der Legislaturperiode nahm allerdings (ganz unabhängig von der Pandemie) auch die Präsenz der AfD-Abgeordneten im Plenum ab.

19 Abg. *Stephan Brandner*, Bundestags-Plenarprotokoll 19/18 v. 2.3.2018, S. 1523 D: «Ein Versprechen will ich noch einlösen: Lieber Benedict – das ist mein Sohn –, ich grüße dich von diesem Rednerpult!»

20 Abg. *Thomas Seitz*, Bundestags-Plenarprotokoll 19/37 v. 7.6.2018,

S. 3558 C: «Die vorgesehene Redezeit widmen wir dem Gedenken an die in Wiesbaden tot aufgefundene Susanna; sie wurde 14 Jahre alt. Aus der Erde kommst du, und zur Erde wirst du werden.»

21 S. etwa nur ‹https://twitter.com/maxotte_says/status/100503324607221 3505›; ‹https://web.archive.org/web/20180608192754/https://www.journalistenwatch.com/2018/06/08/kein-mitgefuehl-claudia-roth-torpediert-afd-schweigeminute-fuer-susanna/›.

22 Anders hingegen für die Parlamentsausschüsse, die die Möglichkeit erhielten, in digitaler bzw. hybrider Form zu tagen. Hier ist die Situation jedoch deshalb anders, weil diese in der Regel gerade nicht öffentlich tagen und insofern eine andere Funktion als das Plenum erfüllen.

23 S. dazu *Schönberger/Schönberger,* Regiert bald ein Notausschuss?, FAZ v. 26.3.2020, S. 9.

24 Vgl. zum rechtlichen Hintergrund und zur rechtlichen Kritik an dieser Regelung *Schönberger*, Zeitschrift für Parteienwissenschaften (MIP) 2021, 22 ff.

25 § 8 Abs. 2 der Geschäftsordnung der CDU bestimmt, dass vor Eintritt in die Tagesordnung vom Bundesparteitag ein Tagungspräsidium gewählt wird. Nach § 9 Abs. 1 ist die Tagesordnung vom Bundesparteitag zu genehmigen. Gem. § 10 Abs. 2 bestellt der Bundesparteitag auf Vorschlag des Bundesvorstandes eine Stimmzählkommission.

26 Allerdings wurde etwa beim SPD-Parteitag das Tagungspräsidium durch Akklamation auf Vorschlag des Parteivorsitzenden Walter-Borjans gewählt. Er fragte, ob es Widerspruch gegen den Vorschlag des Vorstands gebe und sah das Präsidium mangels solchen Widerspruchs als gewählt – ein Vorgehen, das auf analogen Parteitagen absolut üblich ist. Allerdings wurde hier erst nach der Wahl des Präsidiums überhaupt erläutert, wie im technischen Sinne Wortmeldungen (und daher auch Widerspruch) erhoben werden können.

27 In diese Richtung deutet die Untersuchung von *Haußner/Leininger*, Zeitschrift für Parlamentsfragen 2018, 69 ff., für die letzten Jahre, die die unter Journalisten verbreitete Hypothese, dass eine gestiegene Wahlbeteiligung vor allen Dingen auf wachsende Stimmenanteile für die AfD zurückzuführen sei, widerlegt.

28 Dies gilt selbst dann, wenn eine Wahlpflicht besteht, wie dies etwa in

Ländern wie Italien, Belgien oder Luxemburg der Fall ist. Denn unabhängig davon, ob die Pflicht in der Praxis wirklich auch durchgesetzt wird, kann jedenfalls im Grundsatz nur die Abgabe einer Stimme erzwungen werden, nicht aber die Abgabe einer *gültigen* Stimme, da sonst die Garantie der geheimen Wahl verletzt werden müsste. Auch bei einer Wahlpflicht kann sich der Wähler oder die Wählerin also dafür entscheiden, keine Wahlentscheidung zu treffen. Zur verfassungsrechtlichen Diskussion um Demokratie und Wahlpflicht unter dem Grundgesetz vgl. nur *Frenz*, Zeitschrift für Rechtspolitik 1994, 91 ff.; *Labrenz*, Zeitschrift für Rechtspolitik 2011, 214 ff.; *Haack*, Kritische Vierteljahresschrift für Gesetzgebung und Rechtswissenschaft 2011, 80 ff.

29 Umfassend dazu die Studie von *Schäfer*, Der Verlust politischer Gleichheit, 2015.

30 Vgl. dazu *Schönberger*, in: Schönberger/Schönberger (Hrsg.), Die Reichsbürger, 2020, S. 159 ff.

31 Vgl. zur Einführung *Schönberger/Schönberger*, in: dies. (Hrsg.), Die Reichsbürger, S. 11 ff.

32 Zur fehlenden positiven Gestaltungsvision s. auch *Schönberger*, in: Schönberger/Schönberger (Hrsg.), Die Reichsbürger, 2020, S. 159 ff.

33 Zum Ursprung der Reichsbürgerbewegung im geteilten Berlin der 1980er Jahre s. *C. Schönberger*, in: Schönberger/Schönberger (Hrsg.), Die Reichsbürger, 2020, S. 37 ff.

34 ‹https://de-de.facebook.com/afd.thl/›. Der Eintrag datiert auf den 17.12. 2021 und lautet wie folgt:

«Corona-Spaziergänge»

Spaziergänge sind erlaubt, auch in Gruppen. Spaziergänge muss man nicht anmelden oder anzeigen.

MERKE:

Eine Versammlung, die nach der aktuellen Thüringer Infektionsschutzverordnung nur sehr eingeschränkt stattfinden darf, ist erkennbar an: einer nach außen gerichteten Meinungskundgabe, zum Beispiel durch Schilder, Banner, Fahnen, Redebeiträge. Sonst liegt allenfalls eine Ansammlung vor – diese bedeutet bei Einhaltung von Mindestabständen keine Ordnungswidrigkeit.

Vor dem Spaziergang

Wenn sich zufällig eine Gruppe findet, bleibt man etwas in Bewegung von Anfang an. Stehende Versammlungen ab 35 Teilnehmer sind verboten. 1000 Spaziergänger nicht. Die Polizei kann eine Versammlung auflösen, aber keinen Spaziergang. Man kann im Kreis gehen oder schauen, ob man jemanden sieht, den man kennt.

Am besten mit Freunden spazieren gehen und beisammenbleiben. Freunde sind Zeugen. Dabei Abstand wahren.

WICHTIG: Sei kein «Rädelsführer»! Ein Spaziergang hat keine Rädelsführer. Die Polizei wird schon bei einem Papp-Schild davon ausgehen. Besser verzichten. In der unmittelbaren Nähe eines Polizisten keine Parolen skandieren.

WICHTIG: Keine Gewalt! Auch dann nicht, wenn die Polizei wieder gewalttätig wird. Das heißt auch keine Blockaden der Polizei gewaltsam durchbrechen. Wer dazu aufruft, hat die Lage nicht erkannt oder ist möglicherweise vom Verfassungsschutz. Wenn Sie Dich abführen, gehst Du halt mit. Nächste Woche ist auch wieder ein guter Tag zum Spazierengehen.

WICHTIG: Auf keinen Fall zugeben, Teil einer Demo oder Veranstaltung zu sein. Niemand kann gezwungen werden, sich dazu zu äußern, warum er gerade jetzt spazieren geht.

Keinen Personalausweis o. ä. dabeihaben. Personenfeststellungen müssen lange dauern. 1000 Spaziergänger ohne Ausweis sind nicht zu kontrollieren.

Die Polizei hat Kameras dabei. Mindestens ein Videowagen mit Teleskoparm und eine mobile Kamera bei jeder mobilen Einheit. Da die Polizei Euch filmt, dürft Ihr auch die Polizei filmen. Die Polizeitrupps schlagen schnell, unerwartet und offenbar willkürlich zu. Wo ein Polizeitrupp ist, muss eine Kamera auf ihn gerichtet sein.

Polizisten nicht beleidigen! «Schämt Euch, schämt Euch» ist keine Beleidigung!

Keine Angst vor einem Ordnungswidrigkeiten-Verfahren. Man benötigt keinen Rechtsanwalt. Nie bei der Polizei vorsprechen. Immer widersprechen und gerichtliche Verhandlung erzwingen.

35 Neuer Phänomenbereich «Verfassungsschutzrelevante Delegitimierung des Staates», Kurzmeldung des Bundesamtes für Verfassungsschutz v. 29.4.2021, ‹https://www.verfassungsschutz.de/SharedDocs/kurzmeldungen/DE/2021/2021-04-29-querdenker.html›.

36 Vgl. nur grundlegend Bundesverfassungsgericht, Urteil v. 15.1.1958, Amtliche Entscheidungssammlung Bd. 7, 198 ff.

37 Bundesverfassungsgericht, Amtliche Entscheidungssammlung Bd. 154, 320 (336 f.); unter Verweis auf Amtliche Entscheidungssammlung Bd. 44, 125 (147); Bd. 105, 252 (269); Bd. 105, 279 (302).

38 Vgl. dazu etwa nur *Payandeh*, Der Staat 55 (2016), 519 ff.; *Meinel*, Der Staat 60 (2021), 43 (79 ff.).

39 Grundlegend *Habermas*, Theorie des kommunikativen Handelns, 1981.

40 Zur Kritik vgl. nur *Habermas/Luhmann*, Theorie der Gesellschaft oder Sozialtechnologie.

41 Alleine 17 Sitzungsausschlüsse als Ordnungsmaßnahmen für Abgeordnete verzeichnet die Statistik für die 1. Wahlperiode von 1949–1953. In den darauffolgenden Jahrzehnten bis heute kamen insgesamt nur 12 weitere hinzu. Auch bei den Ordnungsrufen ist die 1. Wahlperiode mit 156 solcher Disziplinarmaßnahmen historischer Spitzenreiter. Eine ähnliche Anzahl wurde lediglich in der 10. Wahlperiode zwischen 1983 und 1987 mit 132 erreicht.

42 Bundestags-Plenarprotokoll 1/18 v. 24./25.11.1949, S. 525 A. Nach einer Aussprache zwischen Schumacher und Adenauer wurde dieser Sitzungsausschluss später wieder zurückgenommen.

43 Bundestags-Plenarprotokoll 1/31 v. 26.1.1950, S. 965 A

44 Vgl. dazu auch *Schönberger/Schönberger*, Juristenzeitung 2018, 105 ff.

45 Der AfD-Abgeordnete Stephan Brandner provozierte mit seiner Weigerung, seine Rede mit «Herr Präsident» bzw. «Frau Präsidentin» statt mit «Meine Damen und Herren» zu beginnen, einen zweimaligen Ordnungsruf des Bundestagsvizepräsidenten Wolfang Kubicki (Bundestags-Plenarprotokoll 19/150 v. 6.3.2020, S. 18 815 B), den er nun vor dem Bundesverfassungsgericht angreift. Das Verfahren (Aktenzeichen) 2 BvE 6/20 ist noch nicht abgeschlossen.

46 Ein prominentes Beispiel dafür ist die Grünen-Politikerin Renate Künast, die versuchte, sich gerichtlich gegen bestimmte, vor allen Dingen stark sexualisierte Beleidigungen zur Wehr zu setzen, s. o. S. 173, Fn. 17.

47 Erfasste Fälle im Jahr 1993: 99 885, im Jahr 2020: 240 575.

48 Erfasste Fälle im Jahr 1993: 1960, im Jahr 2020: 5.480. Zum Schutzgut s. nur *Sternberg-Lieben/Schittenhelm*, in: Schönke/Schröder (Hrsg.), Strafgesetzbuch, § 130 Rn. 1 a.

49 S. hierzu und zum Folgenden: *Lenski,* Personenbezogene Massenkommunikation als verfassungsrechtliches Problem, S. 59 f.

50 *Eco,* Die Grenzen der Interpretation, S. 351.

51 *Eco,* Lector in fabula, S. 100.

52 Vgl. *Ladeur,* Archiv für Presserecht 1993, 531 (532), unter Verweis auf *Jacques,* L'Espace logique de l'interlocution, S. 202, sowie *Waldenfels,* Philosophische Rundschau 1989, 218 (226).

53 Aus verfassungsrechtlicher Perspektive spricht *Hoffmann-Riem* diesbezüglich von «Orientierungs- und Qualifikationswissen», in: Denninger/Hoffmann-Riem/Schneider/Stein (Hrsg.), Alternativ-Kommentar zum Grundgesetz, Art. 5 I, II Rn. 11. Vgl. auch *Jarass,* Die Freiheit der Massenmedien, S. 189 f.

54 *Luhmann,* Die Realität der Massenmedien, S. 120 f.

55 *Florian Illies* beschreibt dieses Phänomen in seinem generationsprägenden Roman «Generation Golf» wie folgt: «Es war damals selbstverständlich, daß man Wetten, daß…? mit Frank Elstner guckte, niemals wieder hatte man in späteren Jahren solch ein sicheres Gefühl, zu einem bestimmten Zeitpunkt genau das Richtige zu tun. [...] Wenn ich gesehen hatte, wie ein Gabelstapler auf vier Biergläsern zum Stehen kam und ein schrulliger Schweizer Biermarken am Schnappen der Deckel erkannte, konnte ich mit dem wunderbaren Gefühl einschlafen, am Montag in den Schulpausen mitreden zu können.»

56 Bundesverfassungsgericht, Amtliche Entscheidungssammlung Bd. 7, 198 (210); Bd. 61, 1 (8); Bd. 71, 162 (179); s. auch *Grimm,* NJW 1995, 1697 (1698).

57 Grundlegend Bundesverfassungsgericht, Urteil v. 13.4.1994, Az. 1 BvR 23/94, Amtliche Entscheidungssammlung Bd. 90, 241 (247); unter Verweis auf Bd. 61, 1 (8).

58 Bundesverfassungsgericht, Urteil v. 13.4.1994, Az. 1 BvR 23/94, Amtliche Entscheidungssammlung Bd. 90, 241 (247).

59 Bundesverfassungsgericht, Beschluss v. 10.11.1998, Aktenzeichen 1 BvR 1531/96, Amtliche Entscheidungssammlung Bd. 99, 185 (197).

60 Bundesverfassungsgericht, Beschluss v. 3.6.1980, Aktenzeichen 1 BvR 797/78, Amtliche Entscheidungssammlung Bd. 54, 208 (219).

61 Vgl. insgesamt dazu nur *Lenski,* Personenbezogene Massenkommunikation als verfassungsrechtliches Problem, S. 29 ff.

62 Bundesverfassungsgericht, Urteil v. 13.4.1994, Az. 1 BvR 23/94, Amtliche Entscheidungssammlung Bd. 90, 241. § 130 Abs. 3 des Strafgesetzbuches lautet: «Mit Freiheitsstrafe bis zu fünf Jahren oder mit Geldstrafe wird bestraft, wer eine unter der Herrschaft des Nationalsozialismus begangene Handlung der in § 6 Abs. 1 des Völkerstrafgesetzbuches bezeichneten Art in einer Weise, die geeignet ist, den öffentlichen Frieden zu stören, öffentlich oder in einer Versammlung billigt, leugnet oder verharmlost.» § 6 Abs. 1 des Völkerstrafgesetzbuches normiert die Strafbarkeit des Völkermordes.

63 Dabei erkennt das Bundesverfassungsgericht zwar durchaus an, dass die Anforderungen an die «Wahrheitspflicht» nicht so bemessen werden, dass dadurch der freie Meinungsaustausch behindert wird. An der grundsätzlichen Position ändert dies aber nichts.

64 Vgl. dazu etwa nur *Appel/Doser,* in: Appel (Hrsg.), Die Psychologie des Postfaktischen, S. 9 ff. Bereits Hannah Arendt konstatierte in den 1960er Jahren, dass in der Moderne Tatsachenwahrheiten, welche den Vorteilen oder Ambitionen einer der unzähligen Interessengruppen entgegenstünden, mit solchem Eifer und so großer Wirksamkeit bekämpft würden wie vermutlich nie zuvor: *Arendt,* Wahrheit und Politik, 2006, S. 20.

65 *Arendt,* Sokrates, S. 54.

66 Vgl. nur *Weber/Knorr,* in: Appel (Hrsg.), Die Psychologie des Postfaktischen, S. 103 ff.

67 ‹https://www.deutschlandfunk.de/afd-wahlkampf-in-berlin-gefuehlte-realitaet-100.html›.

68 Bemerkenswert ist dabei, dass dieser Topos sich dabei fast ausschließlich auf Fragen einer etwaigen kommunikativen Spaltung, also gerade eine Spaltung im Miteinanderreden ausmachte, während die ökonomische Spaltung, d. h. das vor allen Dingen seit der Wiedervereinigung zu beobachtende zunehmende Auseinanderdriften von Einkommen und Vermögen in der Gesamtbevölkerung (vgl. nur *Grabka/Westermeier,* DIW Wochenbericht Nr. 9.2014; OECD (Hrsg.), Growing Unequal? Income Distribution and Poverty in OECD Countries, 2008), nur selten als vergleichbare Bedrohung wahrgenommen wird.

69 Die Veröffentlichung erfolgte am 25.3.2021 sowohl in der Tageszeitung «Die Welt» als auch in der Wochenzeitung «Der Freitag». Initiatoren wa-

ren Ulrike Guérot, Jürgen Overhoff, Markus Gabriel, Hedwig Richter und René Schlott.

70 ‹https://www.youtube.com/channel/UC3_dHQpx8O9JT2LW1U2Beuw›, s. auch *Gorkow/Winkler,* «Gute Nacht zusammen», Süddeutsche Zeitung v. 24./25.4.2021, S. 40.

71 *Gaschke/Schuster,* «Eifernde Züge eines Glaubenskampfes», Interview mit Udo di Fabio, Welt am Sonntag v. 7.11.2021, S. 3; in diese Richtung bereits *di Fabio,* Corona-Bilanz, S. 116 ff.

72 Diese Entwicklung nachzeichnend etwa *Schloemann,* Süddeutsche Zeitung v. 24./25./26.12.2021, S. 2.

73 Ein interessantes Beispiel dafür stellt die Aktion der AfD-Fraktion im Deutschen Bundestag dar, die zu Beginn der Befragung des Bundeskanzlers am 12.1.2022 Schilder mit dem Slogan «Freiheit statt Spaltung» hochhielt, um gegen die 2-G-plus-Regel im Bundestagsplenum zu protestieren, s. *Feuerbach,* «AfD-Fraktion hält Protestschilder im Bundestag hoch», FAZ.NET v. 12.1.2022, ‹https://www.faz.net/aktuell/politik/inland/afd-haelt-protestschilder-gegen-corona-regeln-im-bundestag-hoch-17727944.html›. Hier vermischt sich die rhetorische Figur der Spaltung, die die eigene Minderheitenposition überhöhen soll, mit dem oben dargelegten sozial entkleideten Freiheitsverständnis, das Freiheit allein als radikale Durchsetzung der eigenen Position versteht.

74 S. o. S. 87 ff.

75 Bundestags-Plenarprotokoll 8/72 v. 16.2.1978, S. 5716 D.

76 Bundestags-Plenarprotokoll 8/72 v. 16.2.1978, S. 5719 A.

77 Darauf weisen auch entsprechende sozialwissenschaftliche Untersuchungen hin, die sich vor allen Dingen mit der Wahrnehmung der Polarisierung befassen, vgl. nur *Roose,* Politische Polarisierung in Deutschland, 2021.

78 Zur historischen Bedeutung dieser Unterscheidung vor allen Dingen für die Sitzordnung der Parlamente s. *C. Schönberger,* Auf der Bank, 2022.

79 In Frankreich etwa wurde im Jahr 2018 ein Gesetz gegen Falschinformationen im Wahlkampf beschlossen (loi contre la manipulation de l'information), das es allen Parteien, politischen Gruppen, Kandidatinnen und Kandidaten, aber auch interessierten Bürgerinnen und Bürgern drei Monate vor einer landesweiten Wahl ermöglichen soll, im Wege des einstweiligen Rechtsschutzes die Verbreitung von Falschaussagen ge-

richtlich untersagen zu lassen, wenn die Falschinformation offensichtlich ist, massenhaft und automatisiert verbreitet wird und dazu führt, dass der öffentliche Frieden oder die Integrität der Wahl beeinträchtigt wird. Die Regelung wurde im Vorfeld massiv kritisiert, insbesondere wegen der dadurch eingeführten staatlichen Wahrheitskontrolle (vgl. nur *Hochmann*, Shedding Light or Shooting in the Dark – How to define Fake News?, Verfassungsblog v. 5.9.2018, ‹https://verfassungsblog.de/shedding-light-or-shooting-in-the-dark-how-to-define-fake-news/›). Bei der Europawahl 2019, dem ersten Anwendungszeitraum des Gesetzes, wurde allerdings nur ein einziger Antrag vor Gericht gestellt, der abgewiesen wurde.

80 So die Formulierung in § 6 des Pressegesetzes Nordrhein-Westfalen. Vgl. insgesamt dazu *Dittmayer*, Wahrheitspflicht der Presse, 2013.

81 § 194 Strafgesetzbuch.

82 Vgl. nur den Überblick bei *Peifer*, Archiv für Presserecht 2018, 14 ff.

83 *Balser/Koopmann*, «Bundesregierung droht Telegram bis zu 55 Millionen Euro Strafe an», Süddeutsche Zeitung v. 5./6.2.2022, S. 7.

84 Tatsächlich sperrte Telegram nach diesem Gespräch 64 Kanäle, die dem Unternehmen durch das Bundeskriminalamt wegen der Verbreitung strafbarer Inhalte genannt worden waren, unter anderem den Kanal von Attila Hildmann, s. *Balser*, «Telegram sperrt 64 Kanäle», Süddeutsche Zeitung v. 12/13.2.2022, S. 8.

85 Neben diesem strukturellen Aspekt bei den Strafverfolgungsbehörden ist auch eine Entwicklung in der Rechtsprechung zu sehen, die das Thema ernster nimmt. Exemplarisch ist hier erneut der Fall der Grünen-Bundestagsabgeordneten *Renate Künast* (s. o. S. 173, Fn. 17), die sich gegen zutiefst ehrverletzende Beleidigungen im Internet zur Wehr setzen wollte und dabei zunächst vor dem Landgericht Berlin unterlag, zuletzt aber vor dem Bundesverfassungsgericht Recht bekam, Bundesverfassungsgericht, Beschluss vom 19.12.2021, Aktenzeichen 1 BvR 1073/20.

86 Grundlegend *Allport*, The Nature of Prejudice.

V. Schluss: Begegnungen

1 Vgl. zu dieser Frage der Irrationalität von Politik als Antwort auf die Emotionalität und Irrationalität der Bürgerinnen und Bürger nur die Analyse bei *Heins,* Zeitschrift für Politik 2002, 424 ff.

2 Vgl. aus der wissenschaftlichen Literatur exemplarisch etwa *Friedrichs/ Lange* (Hrsg.), Demokratiepolitik, 2016; für das politische Selbstverständnis s. die Antwort der Bundesregierung auf die Kleine Anfrage der Abgeordneten Dr. Christopher Gohl, Michael Theurer, Grigorios Aggelidis, weiterer Abgeordneter und der Fraktion der FDP v. 15.7.2021, «Auswirkungen der Corona-Krise auf das Gemeinwohl», Bundestags-Drucksache 19/31306.

3 Diese Bedeutung hat das Bundesverfassungsgericht ausgeblendet, als es die Regelung des Landes Berlin für eine Mietpreisbremse kompetenzrechtlich als Teil des Mietrechts einordnete und deswegen die Gesetzgebungskompetenz des Landes verneinte, s. Bundesverfassungsgericht, Beschluss v. 25.3.2021, Aktenzeichen 2 BvF 1/20.

4 S. *Weissmüller,* «Come Together», Süddeutsche Zeitung v. 30.12.2021, S. 9.

5 S. *Menden,* «Bücher gibt es auch», Süddeutsche Zeitung v. 28.1.2022, S. 12.

6 Hier ist die Verfasserin allerdings in der Beurteilung nicht ganz unvoreingenommen, da sie selbst Mitglied der Expertenjury war, die die Aufnahme der Trinkhallenkultur in das Landesverzeichnis empfohlen hat.

7 ‹https://www.mkw.nrw/kultur/arbeitsfelder/immaterielles-kulturerbe›.

Personenregister

Demokratiegeschichte bei C.H.Beck

Navid Kermani
Was jetzt möglich ist
33 politische Situationen
2022. 221 Seiten. Gebunden

Georg M. Oswald
Das Grundgesetz
Ein literarischer Kommentar
Herausgegeben von Georg M. Oswald
2. Auflage. 2022. 381 Seiten. Gebunden

Hedwig Richter
Demokratie
Eine deutsche Affäre
Vom 18. Jahrhundert bis zur Gegenwart
400 Seiten mit 22 Abbildungen und 3 Grafiken. Broschiert
Beck Paperback Band 6490

Christoph Schönberger
Auf der Bank
Die Inszenierung der Regierung im Staatstheater des Parlaments
2022. 282 Seiten mit 39 Abbildungen. Gebunden

Heinrich August Winkler
Nationalstaat wider Willen
Interventionen zur deutschen und europäischen Politik
2022. 288 Seiten. Gebunden